D1514467

L'un dans l'autre

Cet ouvrage a été édité avec le soutien de la SACD.

Couverture : *Visage dans la foule*, Evelyn Williams
© Private collection / The Bridgeman Art Library

MARC FAYET

L'un dans l'autre

Collection des quatre-vents contemporain

*Après une formation de comédien (conservatoire de Marseille et ENSATT), Marc Fayet fait ses débuts au café-théâtre (*Nos désirs font désordre, Les Sacrés monstres*), avant de rejoindre le Théâtre régional des Pays de Loire de Patrick Pelloquet (*Lucrèce Borgia *de Victor Hugo,* Les Trois Mousquetaires *d'après Alexandre Dumas*). Commence ensuite un long compagnon-nage avec le Théâtre La Bruyère :* Un coin d'azur *de Jean Bouchaud,* Accalmies passagères *et* Itinéraires Bis *de Xavier Daugreilh,* Pop Corn *de Ben Elton et* Un petit jeu sans conséquence *de Jean Dell et Gérald Sibleyras (Molière de la révélation masculine en 2003). Marc Fayet joue aussi dans* Un fil à la patte *de Georges Feydeau (mise en scène d'Alain Sachs),* L'Argent du beurre *de Louis-Charles Sirjacq (mise en scène d'Étienne Bierry) et* Le Jardin de Brigitte Buc *(mise en scène de Jean Bouchaud). Au cinéma et à la télévision, il travaille, entre autres, avec Marcel Bluwal, Anne-Marie Étienne, Bertrand van Effenterre, ou Henri Helman.*

En 2004, Marc Fayet passe à l'écriture dramatique avec Jacques a dit *(publié dans la collection des Quatre-Vents), puis* L'un dans l'autre, *sa deuxième pièce, créée au Petit Théâtre de Paris en août 2007.*

Préface

Fayet et Fayet

par Stéphan Wojtowicz

UN BEAU JOUR, Marc Fayet a proposé à Marc Fayet d'écrire. Et l'acteur Fayet a découvert Fayet l'auteur. Contrairement à ce que l'un peut dire de l'autre ou l'autre de l'un, ces deux-là s'entendent très bien. L'un et l'autre sont tout aussi talentueux et se ressemblent comme deux gouttes d'eau. Ce sont des jumeaux comme Alexandre et Stéphane dans *L'un dans l'autre*. Et même si Fayet voudrait nous faire croire le contraire, Fayet n'est pas moins séduisant que Fayet.

C'est l'histoire d'un règlement de comptes entre Fayet et Fayet. Un règlement de comptes sans revolver ni bourre-pif. Fayet évoque avec délicatesse, charme et humour ce conflit intérieur propre à l'être humain, un angelot sur une épaule et un petit diable sur l'autre.

C'est l'histoire d'une réconciliation. Celle d'un père avec son fils et d'un fils avec son père. C'est l'histoire d'une déclaration d'amour posthume. Mine de rien, le sourire en coin, doucement, avec la même élégance et la même pudeur que Fayet, le père et le fils échangent encore deux ou trois choses futiles mais essentielles avant de se quitter pour de bon.

L'un dans l'autre, finalement, c'est l'histoire de Fayet et Fayet. Le Fayet promeneur, rêveur, en balade, qui déambule nez au vent. Et aussi le Fayet à vélo qui trace la route en maillot jaune. Fayet le discret et Fayet qui s'impose, Fayet le raisonnable et Fayet le fantaisiste, Fayet le sombre et Fayet l'élégant, Fayet qui écoute et Fayet qui raconte, Fayet qui pleure et Fayet qui rit, Fayet à la ville et Fayet sur scène. J'aime tous ces Fayet-là. J'aime Marc et j'aime Fayet.

C'est l'histoire d'une bonne nouvelle, les retrouvailles entre Fayet et Fayet. Un seul et même Fayet qui a fait sienne la phrase de Jouvet : « Mettre de l'art dans sa vie et de la vie dans son art. »

S. W.
Août 2007

Personnages

STÉPHANE, *la quarantaine*

JULIETTE, *la trentaine*

ANNIE, *la soixantaine*

PIERRE, *la soixantaine*

ALEXANDRE *(on ne fait qu'entendre sa voix à travers l'interphone, on ne le voit pas)*

FRANCK-OLIVIER, *une cinquantaine d'années*

La création de L'un dans l'autre *a eu lieu le 28 août 2007 au Petit Théâtre de Paris, dans une mise en scène de José Paul et Stéphane Cottin, et avec la distribution suivante : Marc Fayet (Stéphane), Lisa Martino (Juliette), Evelyne Dandry (Annie), Thierry Heckendorn (Pierre) et Gérard Loussine (Franck-Olivier).*

L'action se déroule sur deux époques différentes, séparées de six mois. Alternativement, les protagonistes de chaque époque vont occuper le même lieu.

La première époque se situe un 22 juin, commence avec un éclairage de milieu d'après-midi et va se diriger vers une nuit claire.

L'autre époque, un 22 décembre, commence dans la nuit pour se terminer au petit matin.

Les éclairages distincts situent pour nous les deux époques jusqu'à ce que ces deux moments se rejoignent pour un instant commun.

Le décor représente une sorte de vestibule à partir duquel toutes les autres pièces se distribuent. Deux couloirs y prennent naissance. Couloir 1 (jardin) et couloir 2 (cour). Un interphone sur le mur. Un vaisselier. Deux fauteuils. Des tableaux modestes. Rien n'a bougé ici depuis des années. Tout respire le calme, le propre et l'immobilité.

Lumière d'après-midi, nous sommes le 22 juin. On entend une clef dans une serrure, deux tours puis la serrure trois points qui se libère. Stéphane pénètre dans la pièce.

STÉPHANE : Et voilà !… Entre, je t'en prie. *(Elle le fait à peine.)* Mais entre.

JULIETTE : Je suis entrée.

STÉPHANE : Oui, mais pas beaucoup.

JULIETTE : Pour l'instant, ça suffira.

STÉPHANE : D'accord. Ne brûlons pas les étapes. Tu sais ce que c'est, ça ?

JULIETTE : Un buffet ?

STÉPHANE : Pas du tout. C'est un vaisselier chinois de la dynastie Ming, VIe siècle.

JULIETTE : VIe siècle ?

STÉPHANE : Oui… Enfin ! VIe siècle chinois !

JULIETTE : C'est pas le même ?

STÉPHANE : Pas du tout. Leurs siècles à eux sont beaucoup plus petits. Comme leurs pieds.

JULIETTE : Il fait pas tellement chinois, ce meuble.

STÉPHANE : C'est normal, c'est parce qu'on l'a fait restaurer récemment… par un ébéniste… de Rouen.

JULIETTE : Ah. C'est pour ça !

STÉPHANE : Du coup, il fait pas très…

JULIETTE : Chinois.

STÉPHANE : Il fait plutôt…

JULIETTE : Normand.

STÉPHANE : Voilà ! Mais c'est pas mal non plus.

JULIETTE : Non plus.

STÉPHANE : Et cette lampe, là ! Il n'y en a que deux dans le monde. L'autre est chez… Chez qui ? Devine chez qui ?… *(Elle fait signe qu'elle n'en sait rien.)* Chez un gars, on sait même pas qui c'est.

JULIETTE : On sait pas ?

STÉPHANE : On sait pas. C'est fou, non ? Et aux murs ? Tu as vu ce qu'il y a sur les murs ?

JULIETTE : Du papier peint.

STÉPHANE : Oui, mais sur le papier peint ?

JULIETTE : Des taches ?

STÉPHANE : Juliette ! Tu as devant toi quelques-uns des chefs-d'œuvre de la peinture contemporaine. Ça, c'est un petit-cousin de Picasso qui l'a fait, et ça, c'est l'œuvre majeure de la bonne du beau-frère de Magritte.

JULIETTE : Félicitations.

STÉPHANE : Impressionnant, non ?

JULIETTE : Très.

Elle semble absorbée par tout ce qu'elle regarde autour d'elle.

STÉPHANE : Mais viens. Entre. Mets-toi à l'aise. *(Elle avance à peine.)* Ah ! Vingt centimètres de mieux. Y a du progrès !

JULIETTE : Faut pas brûler les étapes.

STÉPHANE : Tu as raison, ne les brûlons pas. On peut juste les frôler.

Il s'approche d'elle pour tenter de l'embrasser. Elle le repousse lentement.

JULIETTE : Non, non, Stéphane. Pas tout de suite.

STÉPHANE : Pas de problème. *(Lui montrant son gilet :)* Je peux te débarrasser ?

JULIETTE : Non merci. Ce n'est pas la peine. Je le garde encore un peu.

STÉPHANE : Tu as froid ?

JULIETTE : Non, mais je le garde un tout petit peu.

STÉPHANE : Je peux mettre du chauffage, si tu veux ?

JULIETTE : Non, non.

STÉPHANE : Comme tu voudras. Assieds-toi !

JULIETTE : Non merci, je reste debout.

STÉPHANE : Juste pour me faire plaisir.

JULIETTE : Non.

Stéphane : Bon ! Remarque, ils ne sont peut-être pas Empire, mais ils sont de pire en pire, ces fauteuils.

Juliette : Pardon ?

Stéphane : Non, c'était une plaisanterie sur les fauteuils. Pas Empire mais de pire en pire. Le jeu de mots, quoi ! Pire, Empire… Enfin, c'est une connerie ! Un petit verre ? Whisky, Martini ?

Juliette : Non, de l'eau, ça ira.

Stéphane : De l'eau ? Pure ?

Juliette : S'il te plaît.

Stéphane : Je sens qu'on a vraiment décidé de perdre tout contrôle, ce soir, non ?

Juliette : Complètement.

Il disparaît quelques instants vers le couloir 1. Elle fait un petit tour de la pièce et s'arrête devant une photo dans un cadre posé sur le vaisselier. Il revient avec un verre.

Stéphane : Et voilà ! Pure. Pas de sodium, pas de calcium, pas d'uranium, rien. Juste de l'eau.

Juliette : Merci.

Elle avance un peu pour saisir le verre.

Stéphane : Ah ! Juliette, tu as bougé. C'est peut-être prétentieux de ma part, mais tu as fait au moins deux pas.

Juliette : Moi ?

Stéphane : Mais je fais comme si je n'avais rien vu.

Juliette : Merci, c'est gentil. *(Montrant la photo :)* C'est qui ?

Stéphane : Ça doit être moi… Et si ce n'est moi, c'est donc mon frère.

Juliette : Pourquoi il est en robe ?

STÉPHANE : C'est pas une robe. Enfin si, mais pas tout à fait. Ça s'appelle une aube. C'est pour la communion solennelle. Une erreur de jeunesse.

JULIETTE : Pourquoi tu dis ça ?

STÉPHANE : Parce que je ne sais plus pourquoi je l'ai fait. Ou plutôt si, pour avoir une montre. Et je l'ai eue. Elle était superbe ! Waterproof et tout et tout.

JULIETTE : Ton frère aussi voulait une montre ?

STÉPHANE : Oui, je pense. Je sais plus. Sûrement. Et toi ?

JULIETTE : Moi ?

STÉPHANE : Toi aussi tu as fait des communions, des trucs comme ça ?

JULIETTE : Non, non.

STÉPHANE : Même pas une toute petite catéchèse ?

JULIETTE : Je ne sais pas ce que c'est.

STÉPHANE : Pure alors ? Comme l'eau ?

JULIETTE : Oui ! Mais pas de l'eau bénite. Pourquoi m'as-tu emmenée chez tes parents ?

STÉPHANE : Comment sais-tu qu'on est chez mes parents ?

JULIETTE : Ça se sent. Ça se voit.

STÉPHANE : Ah bon ? Remarque, c'est vrai ! Il y a des détails qui ne trompent pas. Les meubles Ming, les fauteuils « en pire ».

JULIETTE : Alors pourquoi ici ?

STÉPHANE : Pourquoi ? Je ne sais pas. C'est pratique. C'est pas loin de Paris. Et c'est gratuit.

JULIETTE : Gratuit ?

STÉPHANE : Oui, enfin ! C'est pas une question

d'argent, bien entendu, c'est juste que c'est moins sordide qu'un hôtel.

JULIETTE : Il y a de très beaux hôtels, tu sais.

STÉPHANE : Oui bien sûr, mais bon. Ici, on est tranquilles.

JULIETTE : Et pourquoi tu ne voulais rien me dire ?

STÉPHANE : Pour garder la surprise. Et puis peut-être que tu n'aurais pas voulu.

JULIETTE : Peut-être.

STÉPHANE : C'est marrant, j'ai comme la sensation que tu n'es pas très impressionnée par tout ce décor.

JULIETTE : C'est vrai. Malgré les chefs-d'œuvre qui nous entourent.

STÉPHANE : Oui, oh ! Les chefs-d'œuvre ! Je pense que j'ai peut-être légèrement surestimé la valeur de tout ça.

JULIETTE : Je m'en doutais un peu.

STÉPHANE : Oublie tout ce que je t'ai raconté.

JULIETTE : Tout ?

STÉPHANE : Depuis une demi-heure environ.

JULIETTE : Alors l'histoire de ton tour du monde à bicyclette, par exemple ?

STÉPHANE : C'était très exagéré. Il y avait un moteur à la bicyclette.

JULIETTE : Quel genre de moteur ?

STÉPHANE : 250 cm³.

JULIETTE : C'est plus la même chose.

STÉPHANE : Non. Et puis je suis tombé en panne avant la frontière belge. J'ai été obligé d'abandonner.

Juliette : En fait de tour du monde !

Stéphane : Il s'est arrêté à Tourcoing. Je te déçois ?

Juliette : Un peu.

Stéphane : Eh oui ! C'est évident. Tu pensais être en face d'un héros et en fait, tu découvres juste un type formidable, quoi ! C'est dur.

Juliette : Oui. Du coup, je ne sais pas si je vais rester.

Stéphane : À cause de ma bicyclette à moteur ?

Juliette : Il y a un dicton qui dit : « Écoute les hommes et enlève la moitié. » Dans ton cas, c'est même quatre-vingt-quinze pour cent qu'il faudrait enlever.

Stéphane : En tour du monde, c'est vrai. Mais pas dans les autres matières, je te le promets.

Juliette : Tes parents ne risquent pas d'arriver ? Parce que ce serait le comble, ça.

Stéphane : Non, non, aucun souci. Ils sont loin.

Juliette : Vraiment loin ?

Stéphane : Hyper loin.

Juliette : Eux aussi font le tour du monde ?

Stéphane : Et même plus que ça. Pas trop chaud, pas trop froid ?

Juliette : Non, vraiment.

Stéphane : Bon. Tu sais ce qui serait bien, maintenant ? C'est que tu fasses encore quarante centimètres de plus dans la pièce.

Juliette : Donne-moi une bonne raison de les faire, ces quarante centimètres.

Stéphane : C'est pile la distance qui te sépare du

bonheur. *(Elle rit.)* Vraiment, je ne sais plus quoi te dire pour que tu fasses encore quelques pas.

JULIETTE : Je ne sais pas non plus. Réfléchis.

STÉPHANE : Je pourrais me mettre derrière toi et te pousser. Mais ce serait pas très élégant.

JULIETTE : Pas très.

STÉPHANE : Un colin-maillard, une chasse au trésor…

JULIETTE : Non.

STÉPHANE : Je cale. Et pourtant des idées j'en ai, en principe, hein ?

JULIETTE : Dans le travail, beaucoup, c'est vrai.

STÉPHANE : Mais là !

JULIETTE : Très décevant. Je te laisse quinze secondes, sinon je pars.

STÉPHANE : 15 ?

JULIETTE : 14, 13, 12, 11…

STÉPHANE : Et si je te proposais une visite guidée ? De l'appartement ?

JULIETTE : Avec le commentaire, alors.

STÉPHANE : Évidemment.

JULIETTE : D'accord.

STÉPHANE : Ouf ! De justesse. Si mademoiselle veut bien se donner la peine de suivre le guide.

Ils empruntent le couloir 1. On n'entend plus rien pendant quelques secondes.

La lumière change. Nous sommes en pleine nuit d'hiver, six mois plus tôt, le 22 décembre. Les trois points de la serrure de la porte libèrent à nouveau leur étreinte. Pierre entre, Annie le suit. Ils sont bien couverts.

ANNIE : Mais qu'est-ce qu'elle était idiote, cette pièce.

PIERRE : Complètement. Entre, je t'en prie.

ANNIE : Ça faisait des années que j'en avais pas vu une aussi bête.

PIERRE : Donne-moi ton manteau.

ANNIE : Je le garde encore un peu.

PIERRE : Tu as froid ?

ANNIE : Quelques frissons. Et puis cette histoire n'était pas possible.

PIERRE : Débile, tu veux dire. Je vais monter le chauffage.

Il disparaît dans le couloir 2. Elle découvre l'appartement autour d'elle.

ANNIE : Et ils s'imaginent qu'il y a des gens qui vont payer pour voir des choses pareilles ?

Pierre revient.

PIERRE : Oui, nous. Voilà. Dans un petit quart d'heure, il fera très bon.

ANNIE : Le pire, c'est que j'ai ri à leurs bêtises.

PIERRE : Moi aussi. Plus c'est bête et plus on rit.

ANNIE : On n'allait pas pleurer.

PIERRE : C'est vrai. Assieds-toi, je t'en prie.

ANNIE : Non, merci. Pas encore.

PIERRE : Très bien. Je te comprends. Ils sont peut-être pas Empire, ces fauteuils, mais ils sont de pire en pire.

ANNIE : Pardon ?

PIERRE : Ces fauteuils ne sont peut-être pas Empire, mais ils sont de pire en pire.

ANNIE : À quel moment ils disent ça ?

PIERRE : Ah non, ce n'est pas dans la pièce ! C'est moi qui te le dis !

ANNIE : *(elle rit)* Oh pardon ! C'était ton humour à toi ?

PIERRE : Oui.

ANNIE : *(toujours rieuse)* Excuse-moi.

PIERRE : Non, non, c'est pas grave.

ANNIE : Je croyais que c'était dans le spectacle.

PIERRE : Ah ? Dans le…

ANNIE : Je suis confuse.

PIERRE : Il ne faut pas.

ANNIE : C'était quoi le titre, déjà ?

PIERRE : Je ne sais plus. *La Culotte de…* je sais pas qui.

ANNIE : Déjà, avec un titre pareil, franchement, on aurait pu se douter de quelque chose.

PIERRE : Ce sont des amis qui me l'ont conseillée. Chaque fois je me fais avoir.

ANNIE : C'est qui, ces amis ?

PIERRE : Muraire et Lopez !

ANNIE : Tu les féliciteras bien de ma part.

PIERRE : C'est fini, je ne les écoute plus.

ANNIE : La prochaine fois, c'est moi qui choisirai.

PIERRE : Oui.

ANNIE : Comme ça, on verra ce qu'on verra. *(Elle s'arrête devant la photo sur le vaisselier, qui est donc maintenant redressée.)* C'est Alexandre ?

Il s'approche pour regarder.

PIERRE : Non, Stéphane.

ANNIE : J'avais une chance sur deux. C'est l'aîné, c'est ça ?

PIERRE : Non. Le cadet.

ANNIE : Tu les reconnais en un coup d'œil ?

PIERRE : En un éclair. Le regard. Dès le troisième jour après leur naissance, je savais qui était qui. Il y a de la fantaisie dans le regard d'Alexandre, de la détermination aussi.

ANNIE : Et chez Stéphane ?

PIERRE : Il n'y en a pas. C'est autre chose.

ANNIE : J'ai vu une émission la dernière fois à la télé à propos des jumeaux.

PIERRE : Oui, et alors, qu'est-ce qu'ils disaient ?

ANNIE : Je ne sais plus, mais c'était très intéressant.

PIERRE : Sûrement. Les jumeaux, c'est… c'est intéressant.

ANNIE : Oui. Quand j'y repense. Ce spectacle. C'était quoi son titre, déjà ?

PIERRE : *La Culotte de* je sais plus qui.

ANNIE : Ah oui. Il fait frais, ici, ou c'est une impression ?

PIERRE : Oui, je viens à peine de monter le chauffage.

ANNIE : Merci. Je ne t'ai pas trop embêté pendant le spectacle ?

PIERRE : Comment ça, embêté ?

ANNIE : Je crois que je n'ai pas arrêté de te parler durant la représentation.

PIERRE : Oh mais c'est pas grave, ça ! Ce que tu me racontais était souvent plus intéressant que ce qui se disait sur scène.

ANNIE : Oui, mais ce n'est pas idéal pour suivre l'histoire.

PIERRE : Tu sais, une fois qu'on a compris à qui

appartient la culotte, on est tranquilles ! Il n'y a plus grand-chose à découvrir.

Ils rient.

ANNIE : C'était à la femme de ménage.

PIERRE : Ah non, pas du tout !

ANNIE : C'était pas à la femme de ménage ?

PIERRE : Ben non !

ANNIE : J'ai rien compris, alors. C'était à qui ?

PIERRE : Pas à moi, en tout cas.

Ils rient.

ANNIE : J'ai soif, tiens !

PIERRE : De l'eau ?

ANNIE : Non, quelque chose de fort. Du whisky !

PIERRE : Du whisky.

Il prend du whisky dans le buffet et lui en sert un verre. Il s'en verse un également puis range la bouteille.

ANNIE : C'est très rare que je boive de l'alcool, tu sais.

PIERRE : Et alors ?

ANNIE : Ne va pas croire que c'est une habitude, chez moi, de boire des whiskys avec le premier venu.

PIERRE : Eh bien moi, si. Je fais ça tout le temps. Avec les premiers venus, les derniers venus et même les convenus. À nous ?

ANNIE : À nous.

Ils trinquent. Boivent.

PIERRE : En tout cas, Annie, j'étais très content de voir cette couillonnerie avec toi.

ANNIE : Moi aussi.

PIERRE : C'était même une soirée inoubliable.

Annie : C'est sûr ! Parce que des couillonneries dans ce genre, comme tu dis, il n'y en a qu'une tous les trente ans, pas plus.

Pierre : Comme quoi, elle est historique, celle-là.

Annie : D'ailleurs, la dernière que j'ai vue, c'était avec toi.

Pierre : Avec moi ?

Annie : Oui, souviens-toi, il y a trente ans. À Bordeaux.

Pierre : Ah mon Dieu c'est vrai ! À Bordeaux.

Annie : Oui.

Pierre : Qu'est-ce qu'on s'était marrés. Et pourtant, elle était aussi bête que celle-là, non ?

Annie : Pareil.

Pierre : De toute façon, ce qui est important, ce n'est pas tellement ce qu'on fait, mais plutôt avec qui on le fait.

Annie : Exactement. Plus on est de fous !

Pierre : Moins on est seuls.

Ils boivent une nouvelle gorgée en silence. Ils sourient. Un temps. Elle regarde autour d'elle. Enlève son foulard et le dépose sur l'accoudoir d'un fauteuil.

Annie : Oh ! Il est beau, ce meuble. C'est quoi ?

Pierre : Un vaisselier chinois.

Annie : Il n'a pas du tout le style.

Pierre : Du tout. C'est pour ça que je l'ai choisi.

Annie : On jurerait que c'est un meuble normand.

Pierre : Il y en a plus d'un qui s'y est cassé le nez, crois-moi.

Annie : C'est une plaisanterie.

Pierre : Quoi donc ?

ANNIE : À propos du meuble ?

PIERRE : Absolument pas. Il vient de Bangkok.

ANNIE : Alors c'est un faux.

PIERRE : Pourquoi ?

ANNIE : Parce que Bangkok, c'est en Thaïlande.

PIERRE : Merde. Raté.

ANNIE : Fais très attention à ce que tu me racontes, parce que je sais beaucoup plus de choses que je n'en ai l'air.

PIERRE : Je vois ça.

ANNIE : D'habitude je suis couchée, à cette heure-ci.

PIERRE : Et ça va ? Tu tiens le coup ?

ANNIE : Si j'ai des choses à faire, il n'y a aucun problème.

PIERRE : Qu'est-ce qui te ferait plaisir ? Un scrabble ?

ANNIE : Bof !

PIERRE : Une partie d'échecs ? Un jeu de l'oie ?

ANNIE : L'hôtesse de l'air.

PIERRE : Ah ! Je connais pas.

ANNIE : *La Culotte de l'hôtesse de l'air*. C'était le titre de la pièce.

PIERRE : Ah oui ! Voilà, c'est ça ! Mais en fait, c'était pas la sienne.

ANNIE : Non. Mais à qui était-elle, finalement, cette culotte ?

PIERRE : Je ne sais plus.

ANNIE : Tu vois ? On faisait les malins mais en fait on n'a rien compris du tout.

PIERRE : On est peut-être passés à côté de quelque chose d'important.

ANNIE : Un nouveau Beckett.

PIERRE : Qui ça ?

ANNIE : Beckett, le grand poète irlandais.

PIERRE : Ah oui !

ANNIE : Tu connais ?

PIERRE : Bien sûr !

ANNIE : Samuel.

PIERRE : C'est ça, Samuel. Samuel Beckett !

ANNIE : Exactement.

PIERRE : Oui, non, mais je crois qu'ils étaient deux gars pour écrire ce truc-là. Y avait un Jean-Mi et un René. Quelque chose comme ça.

ANNIE : Jean-Mi et René ! Franchement, ça aurait dû nous mettre la puce à l'oreille.

PIERRE : La prochaine fois, on va voir une vraie pièce de Samuel.

ANNIE : Parfait.

PIERRE : Comme ça on est sûr de bien se marrer.

ANNIE : Oui, enfin ! Oui, si tu veux. *(Ils sourient. Un temps.)* Tu me fais visiter ?

PIERRE : Avec plaisir. Suivez le guide.

Ils sortent tous les deux en empruntant le couloir 2.

La lumière a retrouvé sa première ambiance plus lumineuse. Nous revoici six mois plus tard. Stéphane revient dans la pièce en provenance du couloir 1.

STÉPHANE : Non, il n'y a personne.

Juliette arrive maintenant.

JULIETTE : Qu'est-ce qui s'est passé ?

STÉPHANE : Je ne sais pas. J'avais l'impression qu'il y avait du bruit.

JULIETTE : Peut-être la femme de ménage.

STÉPHANE : Y en a plus.

JULIETTE : Le chat ?

STÉPHANE : Elle est partie avec.

JULIETTE : Les poissons rouges ?

STÉPHANE : Le chat les a mangés.

Il sourit. Elle lui rend son sourire.

JULIETTE : La porte est bien fermée ?

STÉPHANE : Complètement. *(Il tourne la clé de la porte d'entrée deux fois.)* Voilà. Comme ça, on est sûrs.

JULIETTE : Je suis prisonnière ?

STÉPHANE : Non, c'est pour te protéger, au contraire.

JULIETTE : On dit toujours ça. On enferme les femmes, on leur file des beignes, on les voile, on les excise et c'est toujours pour leur bien.

STÉPHANE : Mais là c'est pas pareil.

JULIETTE : Non, c'est pas pareil.

STÉPHANE : Ici, tu n'as rien à craindre.

JULIETTE : Je ne sais pas. Je ne te connais pas encore.

STÉPHANE : Alors il faut que je te rassure tout de suite. Si tu te sens oppressée, angoissée ou quoi que ce soit, tu peux partir, je comprendrai.

JULIETTE : D'accord. Alors je m'en vais. Un taxi, s'il te plaît. *(Il rit.)* J'ai demandé un taxi, Stéphane.

STÉPHANE : Oui, d'accord.

JULIETTE : Et je ne plaisante pas.

STÉPHANE : Ah bon ? Tu ne…

JULIETTE : Non.

STÉPHANE : Ah !

JULIETTE : Tout de suite.

STÉPHANE : Non, non, mais t'as pas à t'inquiéter, je…

JULIETTE : Je préfère partir tout de suite.

STÉPHANE : Ah oui ! Bon, je vais te ramener, c'est mieux.

JULIETTE : Ne te dérange pas pour moi. Un taxi ça ira.

STÉPHANE : Bon, oui, bon d'accord. Donc un taxi. Non mais vraiment ça ne me dérange pas. Je peux très bien te raccompagner.

JULIETTE : Taxi.

STÉPHANE : Je suis désolé. Vraiment désolé. C'est l'histoire de la porte qui t'a… ? Je suis trop bête. Je peux la déverrouiller, si tu veux.

JULIETTE : Non, c'est fait. Je suis traumatisée, je suis traumatisée. Tu ne peux plus rien faire.

STÉPHANE : Je suis vraiment… Je vais trouver un numéro de taxi. Ah, voilà ! *(Il compose le numéro sur son téléphone portable.)* D'habitude, on les a facilement. Tu peux t'asseoir, si tu veux. De l'eau ? Tu veux de l'eau ? Non mais je suis vraiment confus. Pourtant, je te garantis que tu n'as rien à craindre, J'ai probablement été maladroit, mais franchement, je ne m'en suis pas rendu… Oui bonjour… 21, rue Langevin.

JULIETTE : Annule.

STÉPHANE : Pardon ?

JULIETTE : Annule la voiture.

STÉPHANE : Oui d'accord ! Oui donc j'annule, s'il vous plaît. Eh bien la voiture que j'allais vous demander. Non, je ne vous l'avais pas encore demandée. J'annule, quoi ! Non, je ne vous ai pas appelée pour rien, je voulais… Enfin je ne veux plus de voiture, voilà ! Je ne vous ai pas appelée non plus pour vous dire que je ne voulais pas de voiture, je suis pas complètement débile, non plus. Écoutez madame ! C'est vous qui pourriez être un peu plus aimable. Vous avez une vocation de service, que je sache, et la moindre des choses, c'est d'être à l'écoute des gens qui vous appellent. Votre profession a déjà une réputation suffisamment déplorable pour que vous ne confirmiez pas tout le mal qu'on pense de vous. Moi aussi j'ai autre chose à faire, figurez-vous, que d'écouter vos… C'est ça ! Au revoir madame. *(Il raccroche. Elle éclate de rire.)* J'étais parfaitement ridicule, là, non ?

JULIETTE : Parfaitement.

STÉPHANE : Rassure-moi ! Tu n'as jamais eu l'intention de partir ?

JULIETTE : Va savoir.

STÉPHANE : Joueuse, en plus.

JULIETTE : Pourquoi, on ne joue pas, là ?

STÉPHANE : Si, bien sûr qu'on joue.

JULIETTE : Eh bien voilà. *(Elle a saisi le foulard laissé par Annie sur l'accoudoir du fauteuil.)* Il est beau, ce foulard.

STÉPHANE : Ah oui !

JULIETTE : À qui est-ce ?

STÉPHANE : Aucune idée.

JULIETTE : À ta mère ?

STÉPHANE : Non.

Juliette : Sens.

Stéphane : Sens ?

Juliette : Oui, sens le foulard. Tu reconnaîtras l'odeur, peut-être.

Stéphane : Je te dis que ce n'est pas à elle.

Juliette : Tu ne le reconnais pas, mais tu n'en as pas la certitude. Sens.

Il sent.

Stéphane : Non.

Juliette : Voilà ! Comme ça on sait. C'est à une femme, mais on ne sait pas laquelle.

Stéphane : On ne sait pas.

Juliette : Mais c'est une femme.

Stéphane : Oui, enfin peut-être !

Elle remet le foulard où elle l'a pris.

Juliette : C'est tout de même bizarre d'avoir voulu venir ici, non ?

Stéphane : Tu trouves ?

Juliette : C'est plutôt un endroit familier.

Stéphane : Justement, c'est bien. Ça donne des repères.

Juliette : À qui ?

Stéphane : À moi, je suppose.

Juliette : Et moi ?

Stéphane : Tu ne te sens pas bien ?

Juliette : Toi non plus, d'ailleurs, tu ne te sens pas bien.

Stéphane : Moi ?

Juliette : Ce bruit, là ? Que je n'ai pas entendu, d'ailleurs.

Stéphane : Oui alors là ! Excuse-moi mais des

cambriolages en plein jour avec les occupants dans la maison, ça s'est déjà vu. Personne n'est à l'abri.

JULIETTE : Surtout avec la collection d'art dont tu disposes ici.

STÉPHANE : Surtout.

Elle est captivée par ce qui se trouve sur une étagère du vaisselier.

JULIETTE : C'est quoi ?

STÉPHANE : Ça ? Des petits flacons qui contiennent de l'eau de mer.

JULIETTE : Ah !

STÉPHANE : Tous. Des tas de mers et d'océans différents. Regarde. *(Il lit les étiquettes :)* « Mer Noire, juillet 73, Adriatique, août 70, océan Indien, Pâques 76 »…

Elle montre d'autres flacons.

JULIETTE : Et au-dessus, c'est quoi ?

STÉPHANE : Du sable. Et tout correspond. « Mer Noire, Adriatique, océan Indien. » C'est con, hein ?

JULIETTE : Non, c'est touchant, les souvenirs.

STÉPHANE : Pourquoi tu me regardes comme ça ? Qu'est-ce que j'ai dit ?

JULIETTE : Rien de particulier.

STÉPHANE : Tu me regardes bizarrement.

JULIETTE : Ah bon ? Bizarrement ?

STÉPHANE : Oui.

JULIETTE : C'est ma manière à moi. *(Elle le regarde intensément, puis laisse paraître un petit sourire. Elle prend la photo.)* C'est sûr que c'est pas toi.

STÉPHANE : Ah bon ?

JULIETTE : C'est pas le même sourire. Ça ne se perd pas, un sourire. Il est grand, celui-là. Il est clair.

STÉPHANE : Pas le mien ?

JULIETTE : Non, le tien lui ressemble, mais il est moins joyeux.

STÉPHANE : Alors tu as raison. C'est pas moi. Tu sais, chez les vrais jumeaux, il y en a toujours un qui paraît un peu plus triste que l'autre, manque de bol, l'autre c'était moi. Mais je me suis bien rattrapé depuis.

JULIETTE : Et il y a une explication à cette tristesse ?

STÉPHANE : Sûrement. Mais je ne la connais pas.

JULIETTE : Il y avait une émission la dernière fois à la télé sur les jumeaux.

STÉPHANE : Oui, et alors ?

JULIETTE : Je ne l'ai pas regardée. Et toi ?

STÉPHANE : Jamais. Ils disent trop de conneries. *(La sonnerie de l'entrée retentit.)* Merde !

JULIETTE : C'est quoi ?

STÉPHANE : J'en sais rien.

JULIETTE : C'est peut-être la femme de ménage qui ramène le chat.

STÉPHANE : Chut !

JULIETTE : Ou le chat qui vient rendre les poissons rouges.

STÉPHANE : Chut !

JULIETTE : Je crois que ce sont les poissons rouges qui veulent récupérer leur bocal.

STÉPHANE : Arrête. Bouge plus.

JULIETTE : Pourquoi ?

Stéphane : Je ne veux pas qu'on sache qu'il y a quelqu'un. *(Ça sonne à nouveau.)* Viens.

Juliette : Où ?

Stéphane : Viens, je te dis.

Ils disparaissent dans le couloir 1 sur la pointe des pieds. La sonnerie se transforme et il s'agit maintenant de celle de l'interphone, qui est très insistante aussi.

La lumière a changé. Retour six mois plus tôt. Pierre vient du couloir 2 et se précipite pour répondre au plus vite. L'appareil est sur haut-parleur.

Pierre : Oui ?

La Voix : Monsieur Carminati ?

Pierre : Oui ?

La Voix : Pardon de vous déranger si tard. Je voulais vous demander un petit renseignement. Voilà, je m'appelle Christophe Bouchet et je suis spécialiste de l'équipement culinaire français…

Pierre : Ah non, là je ne vais pas pouvoir…

La Voix : J'en ai pour dix petites secondes. Vous permettez que je vous pose une question ?

Pierre : Juste une alors.

La Voix : Merci, monsieur Carminati. Voici ma question : combien de temps passez-vous en moyenne par jour dans votre cuisine ? Deux heures ? Trois heures ? Huit heures ? Sachez que la moyenne française est de deux heures et trente-sept minutes. C'est un lieu de vie, la cuisine. On peut y bouquiner, y fumer un pétard, on peut même y faire autre chose. Quarante-six pour cent des Français avouent avoir fait l'amour au moins une fois dans leur cuisine.

PIERRE : C'est pas pratique, pourtant ?

LA VOIX : Justement, c'est pour ça que nous proposons des cuisines très confortables avec option lupanar.

Pierre éclate de rire.

PIERRE : Ça va, Alexandre ?

ALEXANDRE : Impec. Tu peux ouvrir, s'il te plaît ?

PIERRE : Oui ! Euh, non non !

ALEXANDRE : Quoi, non ?

PIERRE : Vaut mieux pas.

ALEXANDRE : Pourquoi ?

PIERRE : Pourquoi ? Parce que je suis… parce que… parce qu'il est tard, tiens !

ALEXANDRE : Tu déconnes ! À peine minuit.

PIERRE : Tu sais comment c'est, on va encore boire des coups et on va se coucher à pas d'heure.

ALEXANDRE : Juste une minute, papa.

PIERRE : Non, garçon ! C'est pas raisonnable. Faut que je me couche, je suis fatigué.

ALEXANDRE : Pourquoi, ça va pas ?

PIERRE : Non, mais on est sortis avec Muraire et Lopez, alors…

ALEXANDRE : Où ça, vous êtes sortis ?

PIERRE : Au *Crazy Horse*.

ALEXANDRE : Oh les cochons !

PIERRE : C'est eux qui m'ont forcé.

ALEXANDRE : Ouais ouais ! Et t'as ramené une danseuse, c'est ça ?

PIERRE : J'ai rien ramené du tout.

Alexandre : Mon œil !

Pierre : Je te jure.

Alexandre : Tu sais pas mentir, mon Dad ! Bon ben je te laisse, alors. Pardon du dérangement.

Pierre : Y a pas de problème, garçon !

Alexandre : Et bonne nuit, vieille canaille.

Pierre : Ouais ! Sinon ça va, garçon ?

Alexandre : Impec !

Pierre : Les enfants ?

Alexandre : Super !

Pierre : Tant mieux. Sylvie aussi ?

Alexandre : Sylvie aussi.

Pierre : Tant mieux.

Alexandre : Sauf qu'elle m'a quitté ce matin.

Pierre : Quoi ?

Alexandre : Elle est partie avec les gosses. Je crois qu'elle en pouvait plus.

Pierre : Qu'est-ce que t'as encore fait ?

Alexandre : J'ai fait comme tout le monde.

Pierre : *(sec tout à coup)* Non, pas comme tout le monde, Alexandre.

Alexandre : Je croyais.

Pierre : Allez monte.

Alexandre : Non, non, je voudrais pas te casser ton coup.

Pierre : Monte, je te dis.

Alexandre : Non, mais ça va ! Je repasserai demain.

Pierre : Monte.

Alexandre : De toute façon, je dois rejoindre des potes.

Pierre : Où ça, des potes ?

Alexandre : Dans une boîte.

Pierre : Monte une minute.

Alexandre : Non, non, et puis ça doit être suffisamment difficile d'emballer à ton âge, je vais pas te casser la baraque.

Pierre : Tu casses rien du tout.

Alexandre : Non, mais je te laisse. J'ai mes potes qui m'attendent. Bon, ben je t'appelle demain, d'accord ?

Pierre : Tu m'appelles demain ?

Alexandre : Ouais ouais.

Pierre : Sans faute ?

Alexandre : Sans faute. Ça t'intéresse pas alors ma cuisine tout équipée ?

Pierre : Pas dans l'immédiat, non.

Alexandre : Tant pis. Allez ! Salut mon Dad.

Pierre : Salut. *(Pierre se dirige vers le couloir 2. L'interphone sonne une nouvelle fois. Il répond rapidement :)* Oui ?

Alexandre : Je pensais aux fauteuils Empire.

Pierre : Et alors ?

Alexandre : Je me demandais s'ils sont dans le Bonaparte.

Pierre : Dans le ?

Alexandre : Le bon appart ! Fauteuil Empire… Bonaparte ! Napoléon, tout ça !

Pierre : Ah oui !

Alexandre : Pas mal, hein ?

Pierre : Très bonne.

Alexandre : Allez ! Sur ce…

Pierre : Tu passes demain, d'accord ?

Alexandre : D'accord. *(Annie apparaît alors que Pierre* *se retourne.*) Et puis tu me raconteras ta danseuse, hein ? Vieux cochon !

Il raccroche.

PIERRE : C'est mon fils. Alexandre. Il faut toujours qu'il fasse le con.

ANNIE : Tu ne lui as pas ouvert ?

PIERRE : Non.

ANNIE : Il a l'air très marrant.

PIERRE : Oui, mais après il reste des heures à faire l'imbécile, non.

ANNIE : Je me serais cachée.

PIERRE : Oui, mais… Non.

ANNIE : Il n'y avait rien de grave ?

PIERRE : Non, juste des bricoles. Il lui arrive toujours des bricoles, il les cherche, aussi, et finalement… Non, tout va bien. On se voit demain. Qu'est-ce qu'on disait ?

ANNIE : Je te racontais des choses passionnantes.

PIERRE : Ah oui, c'est ça.

ANNIE : Non, mais je suis trop bavarde, je le sais.

PIERRE : Bavarde, toi ?

ANNIE : Oui. Avec l'âge, il y a certaines fonctions qui ont été considérablement altérées, mais celle-là, au contraire, s'est bien développée.

PIERRE : Il vaut mieux développer ça qu'un cancer.

Il rit. Elle marque un temps puis elle sourit. Soudain, elle s'arrête, intriguée, près du vaisselier.

ANNIE : C'est quoi ces petites bouteilles ?

PIERRE : De l'eau de mer dans les unes, du sable dans les autres.

ANNIE : Ça vient d'où ?

PIERRE : Plusieurs mers, autant de plages, dans le monde. C'est les enfants.

ANNIE : C'est joli comme idée. Une fois, dans une broc, j'avais racheté une collection entière de coquillages du monde entier.

PIERRE : Oui ?

ANNIE : Voilà, c'est tout.

PIERRE : Et qu'est-ce que tu en as fait ?

ANNIE : Finalement je les ai jetés. Ils me racontaient rien, ces coquillages.

PIERRE : Parce que tu voulais qu'ils te parlent, en plus ?

Elle rit.

ANNIE : Tu as bien de la chance, tu sais.

PIERRE : Je peux t'en donner, si tu veux, des petites bouteilles. Tiens, celle-là : Espagne 1974… Un très bon cru.

ANNIE : Tu as bien de la chance d'avoir des enfants.

PIERRE : Ah oui ! C'est quand même des soucis, des fois.

ANNIE : Alors tu as bien de la chance d'avoir des soucis.

PIERRE : Je ne sais pas. Je me rends pas bien compte.

ANNIE : Crois-moi.

PIERRE : Si le bonheur se mesure en volume d'emmerdes, alors là évidemment…

ANNIE : Ce n'est pas ce que j'ai dit.

PIERRE : Je sais.

Elle montre le couloir 1.

ANNIE : Qu'est-ce qu'il y a par là ? On peut visiter aussi ?

Pierre : Bien entendu.

Annie : Sinon tu sais pour ta plaisanterie de tout à l'heure ?

Pierre : Laquelle ? Parce que j'en ai déballé un wagon.

Annie : À propos de nos fonctions qui sont altérées par l'âge.

Pierre : Oui ! Eh bien ?

Annie : Eh bien le truc que tu citais, là, et qui fait peur à tout le monde ?

Pierre : Ah oui ?

Annie : Eh bien je l'ai développé aussi, mais ça va mieux maintenant. On y va ?

Pierre reste figé quelques secondes puis ils changent de pièce tous les deux en empruntant le couloir 1.

La lumière change. Nous retrouvons le 22 juin. Une lettre est glissée sous la porte. Juliette entre, elle vient du couloir 1. Elle est dans un certain état de nervosité. Stéphane apparaît, inquiet.

Stéphane : Qu'est-ce qui se passe ?

Juliette : Rien. J'ai besoin de marcher un peu.

Stéphane : Comme ça, tout d'un coup ?

Juliette : J'en ai besoin.

Stéphane : J'ai dit quelque chose qui t'a déplu ?

Juliette : Non.

Stéphane : Quelque chose qui t'a trop plu, alors ?

Juliette : Non, ça ne risque pas !

Stéphane : Alors quoi ? Un geste malencontreux ?

Juliette : Non, j'ai un problème de circulation, il faut que je marche régulièrement.

Stéphane : C'est brutal.

JULIETTE : Toujours.

STÉPHANE : Je savais que les femmes étaient difficiles à suivre, mais je ne savais pas toujours pourquoi.

JULIETTE : Tu en as l'explication maintenant. J'ai envie d'un bonbon. Au caramel.

STÉPHANE : Oui, alors là c'est le seul reproche qu'on peut faire à cette maison, c'est qu'il n'y a pas le *room service* cinq étoiles. Comment faire ?

JULIETTE : Chercher. *(Sans hésiter, elle ouvre le tiroir à bonbons et en sort un.)* Voilà.

STÉPHANE : Génial ! Au caramel, en plus. Comment t'as fait ?

JULIETTE : L'instinct des femmes.

STÉPHANE : Là, je suis bluffé. Moi j'ai envie… D'un whisky. *(Il ouvre le vaisselier et trouve la bouteille.)* Gagné ! *(Il se sert, lui présente la bouteille.)* Toujours pas ?

JULIETTE : Toujours pas. Ne m'approche pas, s'il te plaît.

STÉPHANE : Pardon ?

JULIETTE : Reste où tu es.

STÉPHANE : D'accord.

JULIETTE : Et ne bouge plus.

STÉPHANE : Très bien, je ne…

JULIETTE : Et tais-toi.

STÉPHANE : Je me tais.

JULIETTE : C'est moi qui parle, maintenant. J'ai quelque chose de très important à dire.

STÉPHANE : O.K.

JULIETTE : Voilà. Je ne serai jamais amoureuse de toi, d'accord ? J'ai une vie, j'ai un mari, j'ai un enfant, et je ne remettrai jamais ça en question.

Et je ne serai jamais ta chose. Alors inutile de te raconter des histoires. C'est rien, notre rencontre, rien du tout. Je suis là avec toi maintenant, il va peut-être se passer quelque chose, peut-être ! Mais demain, pfft ! Tout sera envolé. Tu as bien saisi ça ? C'est clair ?

STÉPHANE : Oui, très clair.

JULIETTE : Voilà ! C'est tout ce que j'avais à dire.

STÉPHANE : Bon.

JULIETTE : Qu'est-ce qu'on fait, maintenant ?

STÉPHANE : Tout de suite, là ? Je sais pas.

JULIETTE : Tu as reçu du courrier.

STÉPHANE : Hein ? Comment ?

JULIETTE : Là. Il y a une lettre.

Elle montre le sol près de la porte.

STÉPHANE : Ah oui.

Il la ramasse. Il l'ouvre, la parcourt puis en fait une boule et la met dans sa poche.

JULIETTE : Ce n'est pas grave ?

STÉPHANE : Non.

JULIETTE : Qui est-ce ?

STÉPHANE : Personne, enfin si, un emmerdeur. Celui qui a sonné dans le vide tout à l'heure.

JULIETTE : Qu'est-ce qu'il veut ?

STÉPHANE : Me dire bonjour.

JULIETTE : Et qu'est-ce que tu vas faire ?

STÉPHANE : Le mort.

JULIETTE : Pourquoi ?

STÉPHANE : Parce que c'est préférable pour tout le monde. Viens par là.

Ils sortent vers le couloir 2.

Changement de lumière. Retour au 22 décembre. Annie entre,
venant du couloir 1, décidée à partir.

ANNIE : Excuse-moi ! C'est idiot quand je pleure comme ça, mais je ne peux pas m'arrêter.

PIERRE : Ce n'est pas grave.

ANNIE : Ça dure ! On ne sait pas d'où ça vient et c'est insupportable, je le sais.

PIERRE : Pas du tout.

ANNIE : C'est gentil d'être compréhensif, Pierre, mais tu ne peux rien.

PIERRE : Aucune importance, j'attendrai.

ANNIE : C'est parti pour une bonne heure, tu sais ?

PIERRE : C'est quoi, une heure, dans une vie ?

ANNIE : À notre âge, c'est beaucoup. Et dans vingt minutes tu en auras marre de m'entendre me moucher et renifler, ça te tapera sur les nerfs.

PIERRE : J'irai sur le balcon.

ANNIE : Pour attraper une pneumonie ? C'est cher payé pour trois ou quatre malheureuses petites larmes. Je vais te laisser.

PIERRE : Trois ou quatre larmes ?

ANNIE : En une heure ! ? Pas davantage. Je n'en ai plus. J'ai peut-être trop pleuré dans ma jeunesse. Tu as vu comme c'est idiot ! J'étais toute guillerette tout au long de la soirée et brusquement, ça lâche. Ça m'arrive de plus en plus souvent. Je suis vraiment désolée.

PIERRE : Ça t'arrivait déjà il y a trente ans.

ANNIE : C'est vrai ?

PIERRE : Une fois, en séminaire de vente, je me

souviens très bien. J'avais trouvé ça charmant.
Ça l'est toujours. Et puis tu vas mieux, là.

ANNIE : En surface, oui. Au revoir, Pierre.

PIERRE : Tu ne vas pas partir à cette heure-ci ?

ANNIE : Que veux-tu qu'il m'arrive ?

PIERRE : Il peut t'arriver que je sois malheureux,
terriblement malheureux.

ANNIE : Ça, ça m'embêterait.

PIERRE : Alors reste, s'il te plaît. Si tu pars, nous
serons deux malheureux. Si tu restes…

ANNIE : Il n'y aura que moi ?

PIERRE : Tu es vraiment malheureuse ?

ANNIE : En fait, je ne sais pas. Il s'agit peut-être
seulement d'un petit désespoir féminin et
passager, comme on dit.

PIERRE : Tu vois bien. Tu restes ?

ANNIE : Tu veux ? *(Il opine.)* Je vais aller écraser une
dernière larme un peu plus loin. Je peux prendre
la salle de bains ?

PIERRE : Tout au bout de ce couloir.

ANNIE : Merci.

*Elle disparaît vers la salle de bains, couloir 1. Pierre s'installe dans
le fauteuil, songeur. Au bout de quelques secondes, une musique
résonne très fort dans le couloir de l'immeuble. Le Carnaval des
animaux de Camille Saint-Saëns, par exemple. La sonnette de
l'entrée retentit. Pierre se lève et ne sait pas quoi faire. Puis on entend
une voix derrière la porte.*

LA VOIX : Pierre ! C'est moi, Franck-Olivier. Tu
peux m'ouvrir s'il te plaît ? *(Franck-Olivier s'adresse
maintenant à quelqu'un d'autre dans le couloir.)* Simon ! Tu
peux fermer la porte ? Ça fait un raffut de tous

les diables, dans le couloir. Merci. *(La porte est fermée et on n'entend plus la musique.)* Pierre ! C'est Franck-Olivier. Je sais que tu es là. Ouvre ! *(Pierre se résigne à ouvrir. Franck-Olivier fait son entrée. Il a une cinquantaine d'années et il est vaguement déguisé. On ne sait pas en qui nien quoi.)* Bonjour Pierre ! Excuse-moi mais j'étais sûr que tu étais là. J'ai vu ta voiture sur le parking et la lumière dans ton bureau. Je peux entrer une seconde, qu'on papote cinq minutes ?

PIERRE : D'accord pour la seconde, pas pour les cinq minutes.

FRANCK-OLIVIER : Qui suis-je ?

PIERRE : Hein ?

FRANCK-OLIVIER : Qui suis-je ?

PIERRE : Franck-Olivier.

FRANCK-OLIVIER : Non, moi ! Enfin moi, ça ? Tel que je suis ? Qu'est-ce que ça évoque pour toi ?

PIERRE : Ben ! Comme d'habitude.

FRANCK-OLIVIER : Oui, non, c'est parce que, non, tu ne peux pas savoir, évidemment, que je suis ballot. Tu n'es pas dans la disposition d'esprit pour… Enfin bref ! C'est pas grave. Excuse-moi. Pardon, Pierre ! Pardon d'être un peu cavalier, mais les occasions de te croiser sont tellement rares, en ce moment, que j'ai voulu profiter de l'aubaine. J'ai un peu forcé ta porte, non ?

PIERRE : Un peu.

FRANCK-OLIVIER : On me changera pas, tu sais ! Et tu peux toujours me mettre dehors à coups de pied au derrière…

PIERRE : Ça ne t'empêchera pas de revenir.

Franck-Olivier : Exactement. Tu vas bien ?

Pierre : Ça va !

Franck-Olivier : Je sais que l'année qui vient de s'écouler a dû être assez pénible pour toi, mais je te l'avais dit, à l'époque ! Si tu as besoin de quoi que ce soit, n'hésite pas. Je suis souvent là. On peut se voir, parler. Je serai toujours disponible pour toi.

Pierre : Je sais bien, mais ça va.

Franck-Olivier : Tu m'interromps si je me trompe, mais je trouve que tu t'es un peu isolé, ces derniers mois. Pour le moral, c'est pas terrible. T'es pas seul, Pierre. On est là depuis longtemps. On a toujours été proches de toi et de Françoise. Françoise n'est plus parmi nous, mais je suis sûr qu'elle serait triste que nos liens se distendent.

Pierre : Il faut me laisser le temps.

Franck-Olivier : Excuse-moi de te provoquer un peu, Pierre ! Mais il faut te remuer. Il n'y a pas de temps à perdre. Françoise est partie brutalement au moment où on s'y attendait le moins. On ne s'y attend jamais, d'ailleurs. Ou plutôt, on s'y attend toujours. Mais à force d'attendre, on ne s'y attend plus. Nous sommes des « fétus de paille », tu sais ! Pas grand-chose sur la terre ! Tu as l'âge que tu as, moi le mien, et même si je suis plus jeune, rien ne dit que je ne partirai pas demain et toi après-demain.

Pierre : Ça me fera une journée de tranquille, comme ça.

FRANCK-OLIVIER : Eh bien tu vois, Pierre ! Je préfère ça ! Je préfère le cynisme, et même un peu de cruauté, mais au moins c'est vivant, c'est la preuve que tu n'es dupe de rien. Raison de plus pour profiter, Pierre. Profiter de notre amitié, de notre santé apparente.

PIERRE : Moi, ça va !

FRANCK-OLIVIER : Tu vas tous nous enterrer, ça, c'est certain, alors pense aux autres, pense à nous. Tant qu'on est là, ne nous prive pas de toi, voilà !

PIERRE : D'accord, on se verra.

FRANCK-OLIVIER : Non, non, non, on se voit dès maintenant.

PIERRE : Oui, on se voit.

FRANCK-OLIVIER : Et tu vas venir avec nous tout de suite.

PIERRE : Où ça ?

FRANCK-OLIVIER : À la maison. On fait notre fête du solstice d'hiver, comme tous les ans.

PIERRE : Ah oui ! Mais non.

FRANCK-OLIVIER : Si. Il y a une ambiance terrible ! T'as pas entendu la musique ? Et puis tu vas retrouver les amis. On s'amuse comme des fous, je te le garantis. Le thème de la soirée est génial, c'est « les grands auteurs ».

PIERRE : Ah oui ?

FRANCK-OLIVIER : Oui, chacun est censé incarner un romancier. Alors soit dans la tenue, soit dans ses propos, on doit découvrir qui il est. C'est pour ça que je te demandais qui j'étais, tout à l'heure.

Pierre : Ah très bien ! Mais je m'y connais pas beaucoup.

Franck-Olivier : Inutile ! Il suffit d'un peu de malice. Alors ?

Pierre : Quoi ?

Franck-Olivier : Qui suis-je ?

Pierre : Je sais pas, moi !

Franck-Olivier : Attends ! Je vais te donner un premier indice. Première moitié du XXe siècle.

Pierre : C'est vaste.

Franck-Olivier : On a défini des auteurs entre le début du XXe siècle et la moitié du XXe siècle.

Pierre : Oui, c'est plus facile, déjà. Ils sont pas beaucoup.

Franck-Olivier : Tu vois ! Allez ! Tu viens boire un verre et mener ton enquête ?

Pierre : Non, vraiment.

Franck-Olivier : Je te jure que c'est très drôle.

Pierre : Je vais me coucher.

Franck-Olivier : Et cet imbécile de Simon. Tu sais ce qu'il fait ?

Pierre : Non.

Franck-Olivier : Il s'est collé une petite moustache, tu sais, toute fine. Il porte une redingote, tient une canne à la main et il passe sa soirée à répéter que « longtemps il s'est couché de bonne heure ».

Pierre : Ah ? Il se couche tôt ?

Franck-Olivier : Non, c'est pas lui. C'est son personnage.

Pierre : Ah !

Franck-Olivier : Tu vois bien qui c'est ?

Pierre : Pas du tout.

Franck-Olivier : La madeleine ! Monsieur Verdurin ! Swann ! *À la recherche du temps perdu*…

Pierre : Ah oui d'accord.

Franck-Olivier : Alors tu imagines bien que, délicats comme nous sommes, nous avons tous fait semblant de ne pas deviner qui il était.

Pierre : Eh oui !

Franck-Olivier : Parce qu'il incarne… Il incarne qui ?

Pierre : Euh !

Franck-Olivier : Il incarne Marcel…

Pierre : Voilà, Marcel.

Franck-Olivier : Oui, mais Marcel… ?

Pierre : Marcel, quoi ! Moi, je l'appelle Marcel, en tout cas.

Franck-Olivier : J'aime bien que tu l'appelles Marcel. Alors tu viens ?

Pierre : Non, pas ce soir.

Franck-Olivier : Mais ça va ?

Pierre : Très bien.

Franck-Olivier : On se voit prochainement ?

Pierre : C'est promis.

Franck-Olivier : Je vais te laisser, alors.

Pierre : Merci.

Franck-Olivier : Tu vois que je suis un homme de bonne volonté.

Pierre : C'est vrai.

Franck-Olivier : C'était un indice.

Pierre : Un indice de quoi ?

FRANCK-OLIVIER : Pour mon personnage.

PIERRE : Ah oui ? Je vais y réfléchir, Franck-Olivier. Bonne nuit.

FRANCK-OLIVIER : Si tu trouves dans la nuit et que ça t'empêche de dormir, passe à la maison. On sera pas couchés avant 3 ou 4 heures, tel que c'est parti. À part Simon, que tout le monde a deviné dès qu'il a ouvert la bouche, il reste encore beaucoup d'inconnus.

PIERRE : Je verrai.

FRANCK-OLIVIER : Parfait. Bon, j'y vais parce que ça me gratouille.

PIERRE : Pardon ?

FRANCK-OLIVIER : C'était un autre indice.

PIERRE : Ah ! Merci. Super !

FRANCK-OLIVIER : C'est un cadeau, cet indice-là. Avec ça ! Je peux plus t'échapper. Remarque, je ne sais plus si ça me gratouille ou si ça me chatouille.

PIERRE : Ça passera, va !

FRANCK-OLIVIER : *(il rit)* Oui, c'est ça ! À plus tard alors ?

PIERRE : À plus tard.

Franck-Olivier finit par sortir. Au bout de quelques secondes, on entend la musique de tout à l'heure, toujours aussi forte, puis la porte se referme. Pierre regarde une nouvelle fois par l'œilleton et disparaît dans le couloir 1.

La lumière change et nous revoilà six mois plus tard. On entend à nouveau la musique dans le couloir. Elle a changé, c'est le thème de Docteur Jivago par exemple, mais elle est toujours aussi forte. Elle disparaît quand on entend la porte se refermer. La sonnette de l'entrée retentit. Stéphane, venant du couloir 2, arrive furieux.

STÉPHANE : Putain, c'est pas vrai !

FRANCK-OLIVIER : *(off)* C'est Franck-Olivier.

STÉPHANE : *(pour lui)* Oh merde !

FRANCK-OLIVIER : *(off)* Ouvre ! Je sais que tu es là. *(Stéphane ne peut faire autrement. Franck-Olivier réapparaît mais il n'est plus costumé.)* Bonjour, Alexandre.

STÉPHANE : Stéphane.

FRANCK-OLIVIER : Oh ! Excuse-moi. Je ne sais pas pourquoi mais !... Pardon. Je t'ai aperçu par la fenêtre de ta chambre alors j'avais envie de te dire bonjour. Je savais bien que tu ne viendrais pas sonner à la maison malgré le petit mot que je t'ai glissé sous la porte. Tu l'as eu ?

STÉPHANE : Non, euh oui ! Un petit peu. Toute façon je passais vite fait, j'avais des petites choses à régler.

FRANCK-OLIVIER : J'imagine. Comment tu te sens ?

STÉPHANE : Ça va !

FRANCK-OLIVIER : Il faut bien que ça aille. La vie continue.

STÉPHANE : Oui.

FRANCK-OLIVIER : En étant le moins triste possible.

STÉPHANE : Oui.

FRANCK-OLIVIER : C'est Gide qui un jour a écrit : « la tristesse est une complication ». Dans *Les Nourritures terrestres*, je crois, ou *L'Immoraliste*. Non, c'est pas le style de *L'Immoraliste*, l'écriture est plus lumineuse. C'est dans... Je sais plus, tiens !

STÉPHANE : Je m'en fous.

Franck-Olivier : Pardon ?

Stéphane : Je dis que je m'en fous.

Franck-Olivier : Ah ! ? Je comprends. Tu vas trouver que je radote parce que je vous l'ai toujours répété, à ton frère et à toi, mais la littérature est un bel antidote à la mélancolie, c'est une façon authentique de rester actif et, d'une manière contradictoire, de rester dans la vie, tout en s'échappant.

Stéphane : Pour vous, Franck-Olivier ! Pas pour moi.

Franck-Olivier : Je ne crois pas.

Stéphane : Moi, j'ai d'autres trucs.

Franck-Olivier : Et c'est quoi ?

Stéphane : C'est un secret.

Franck-Olivier : Les paradis artificiels ?

Stéphane : Non, non, des choses bien sur terre, bien charnelles.

Franck-Olivier : Ah ?

Stéphane : Je vous l'ai toujours répété, Franck-Olivier, une bonne partie de fesses de temps en temps…

Franck-Olivier : Parle-moi de Pierre Louÿs, parle-moi de Georges Bataille…

Stéphane : Connais pas.

Franck-Olivier : Voilà ! Tu ne connais pas. Je ne connais pas tes émotions, tu ne connais pas les miennes.

Stéphane : On s'arrange comme on peut.

Franck-Olivier : Notre société ne rend pas assez hommage au pouvoir de l'évasion par l'esprit.

Notre passage sur terre est éphémère, nous sommes des…

STÉPHANE : Des « fétus de paille » !

FRANCK-OLIVIER : Exactement, Alexandre.

STÉPHANE : Stéphane.

FRANCK-OLIVIER : Stéphane. Nous ne sommes que des enveloppes. C'est là-dedans que nous sommes vivants, tu comprends ?

STÉPHANE : Oui, je comprends tout. Nickel ! Bon…

FRANCK-OLIVIER : J'y pense ! Si tu es encore là ce soir, tu peux passer à la maison. C'est la grande fête du solstice d'été, comme tous les ans. Tu retrouveras nos amis. Les amis de tes parents. Ton père devait passer il y a six mois, pour ma fête du solstice d'hiver. Il était en pleine forme.

STÉPHANE : Je sais.

FRANCK-OLIVIER : Et brutalement, devant ma porte, au moment même où j'ouvrais…

STÉPHANE : Je sais.

FRANCK-OLIVIER : Il s'écroule. Son cœur qui lâche brutalement, sans raison.

STÉPHANE : Oui.

FRANCK-OLIVIER : Et à quelques minutes près…

STÉPHANE : Oui.

FRANCK-OLIVIER : Ton frère, dans sa voiture…

STÉPHANE : Oui.

FRANCK-OLIVIER : Contre un mur.

STÉPHANE : Eh oui.

FRANCK-OLIVIER : Je me souviendrai longtemps de cette date-là et de cette fête-là. J'incarnais Jules Romains à cette occasion.

Stéphane : Ah oui ! C'est ça ! Qui ?

Franck-Olivier : Jules Romains.

Stéphane : Ah non ! Je connais pas.

Franck-Olivier : *Les Hommes de bonne volonté, Knock.*

Stéphane : Ah oui ! Voilà !

Franck-Olivier : Personne n'avait trouvé.

Stéphane : Pas étonnant.

Franck-Olivier : Tu sais, je peux te dire sans exagérer que j'ai été aussi malheureux que toi.

Stéphane : Faut pas se mettre dans des états pareils pour un jeu de devinettes.

Franck-Olivier : Non, je parlais de ton père et d'Alexandre.

Stéphane : Ah oui ? Peut-être.

Franck-Olivier : Non, c'est sûr. Leur disparition a laissé un grand vide dans nos vies. Alors pour toi, pour moi et pour eux, ce serait bien que tu passes à la maison ce soir. Tu fais comme tu veux, je ne t'oblige pas, mais je te le recommande vivement.

Stéphane : Non, je suis pas tellement dans le trip.

Franck-Olivier : Le thème cette année c'est le cinéma. De Eisenstein à Tarkovski.

Stéphane : Avec moi ce sera vite fait, je ne connais ni l'un ni l'autre.

Franck-Olivier : Mais il y a tous ceux qui sont entre les deux.

Stéphane : Et il y a du monde ?

Franck-Olivier : Mais tout le cinéma est entre ces deux-là. Pas besoin de se costumer. On se choisit un réalisateur dans sa tête et les autres doivent le deviner en nous interrogeant, ou en décelant quelques répliques de films qu'on aura distillées habilement pendant la soirée.

Stéphane : Ah ouais ?

Franck-Olivier : Oui. Tu as tout le temps de réfléchir. C'est une soirée sans façon.

Stéphane : Je verrais.

Franck-Olivier : Ça me ferait énormément plaisir, Alexandre, Stéphane.

Stéphane : Je promets rien.

Franck-Olivier : Ce sera très drôle. Il y aura même Simon…

Stéphane : Le Garrec, du 3ᵉ ?

Franck-Olivier : Oui. Ça fait deux fois que je passe devant son appartement et que j'entends la musique d'*Hôtel du Nord* et de *Quai des brumes*. J'attends impatiemment le moment ou je vais ouvrir la porte et qu'il va me dire que j'ai « une gueule d'atmosphère » ou « de beaux yeux ».

Stéphane : Pourquoi il vous dirait ça ?

Franck-Olivier : Parce que !

Stéphane : Il a envie de vous, Le Garrec ?

Franck-Olivier : Non, mais non pas du tout ! Qu'est-ce que tu vas donc imaginer. Non, c'est parce que c'est connu, ce sont des répliques.

Stéphane : Des répliques ?

Franck-Olivier : De Prévert ! Les films de Carné !

Stéphane : Ah oui ! Je connais les noms, oui !

Franck-Olivier : Tu vois, Stéphane ! C'est dans des moments comme ça qu'on se sent vraiment vieillir. Mais viens quand même ! Ça me ferait plaisir.

STÉPHANE : Je ne vous promets rien mais j'y pense.

FRANCK-OLIVIER : Merci. *Vikenngod rö fisk du har köpt*[1].

STÉPHANE : Pardon ?

FRANCK-OLIVIER : C'est un premier indice pour mon personnage de cinéaste.

STÉPHANE : Ah ? D'accord !

FRANCK-OLIVIER : C'est en langue originale. Ça te donne une bonne piste, non ?

STÉPHANE : C'est clair.

FRANCK-OLIVIER : Penses-y !

STÉPHANE : Comptez sur moi.

FRANCK-OLIVIER : À plus tard.

STÉPHANE : C'est ça. *(Franck Olivier sort enfin. Stéphane ferme la porte.)* J'avais oublié comme il était chiant, celui-là.

Juliette a réapparu, venant du couloir 2.

JULIETTE : Tu vois qu'on est beaucoup, beaucoup moins tranquilles qu'à l'hôtel.

STÉPHANE : Oui mais là, c'est Franck-Olivier, on peut pas lutter. Où que tu sois, s'il y a un Franck-Olivier dans les parages, tu peux mettre des pancartes, des vigiles, des détecteurs à cons, il passera toujours.

JULIETTE : C'est un passe-muraille ?

STÉPHANE : Un genre, oui.

JULIETTE : Comme dans le film ?

---

1. Quel bon poisson fumé tu as acheté ! (suédois).

Stéphane : Je sais pas. Je connais pas.

Juliette : Tu n'aimes pas le cinéma ?

Stéphane : Si, j'aime bien, mais pour me détendre seulement. Pas pour me prendre la tête.

Juliette : C'est quoi ton film préféré ?

Stéphane : *L'Arme fatale*. Les trois.

Juliette : Je vois.

Stéphane : C'est peut-être pas super intello mais je te garantis que ça défoule hyper bien.

Juliette : C'est fait pour ça, je crois.

Stéphane : En fait, je crois que j'ai compris.

Juliette : Oui, quoi ?

Stéphane : Ce que tu es venue faire ici. Tu es venue pour me mettre à l'épreuve, c'est ça ?

Juliette : Quelle épreuve ?

Stéphane : Je sais pas. Un truc à l'américaine. *Working Psychologic Oppression*.

Juliette : C'est quoi, ça ?

Stéphane : La WPO c'est une technique pour obtenir le maximum d'un prestataire par des stimuli psychologico-sexuels.

Juliette : Et comment ça marche ?

Stéphane : En fait c'est très simple. T'allumes copieusement un publicitaire pour qu'il développe une frénésie créatrice. Il se défonce un maximum pour te plaire. Et au moment où il croit que c'est *in the pocket*, qu'il est complètement accro à toi, tu le lâches comme une merde pour qu'il craque, qu'il se retire du projet et que tu puisses refiler le bébé à un mec en interne qui te fignolera ça pour pas un rond. Et là tu gagnes sur tous les tableaux. *Exit* le mec, *exit* la boîte de pub, *exit* le budget.

JULIETTE : Ah, c'est ça ! Mais dans toute cette stratégie, qu'est-ce qu'on serait censés faire ici ?

STÉPHANE : À la limite on tirerait un coup, mais ça c'est en option et c'est de moins en moins sûr, à l'heure qu'il est.

JULIETTE : C'est comme ça que tu vois les choses ?

STÉPHANE : Je suis bien obligé de cogiter, parce que ça fait un moment que tu me mènes en bateau. On est là depuis deux heures et t'arrêtes pas de me balader.

JULIETTE : Si je te disais que ça n'a rien à voir avec le boulot, qu'à la limite ça n'a rien à voir avec toi ?

STÉPHANE : Eh bien ça ne ferait que rendre la situation encore moins claire.

JULIETTE : Je suis désolée.

STÉPHANE : Pas tant que moi. Finalement je crois que je vais être obligé de rappeler ma copine du taxi, non, qu'est-ce que t'en penses ?

JULIETTE : Elle t'enverra même pas un pousse-pousse.

STÉPHANE : C'est vrai. Je suis sûrement grillé avec elle. Bon, ben je vais m'y coller. Je peux te déposer à une porte ?

JULIETTE : Je veux bien.

STÉPHANE : Laquelle ? Saint-Ouen, Clignancourt, Champerret ?

JULIETTE : Non, la porte de ta chambre, ça ira très bien.

STÉPHANE : Ah ? Tu es sûre ?

n qu'à organiser des fêtes de solstice
rsonne ne vient, d'ailleurs.
st pas vrai !

LIVIER : On est six, ce soir, Pierre, et on
guère plus…
as plus ?

-OLIVIER : Si tu ne viens pas, non. Il y a
n Le Garrec, notre Marcel de service.
ngère, ma cousine, que je suis allé chercher
maison de repos et qui est toujours habillée
eil quel que soit le thème. Fernand et Mireille,
ui n'ont pas cessé de se disputer depuis leur
rrivée, et maman, qui est dans son lit et à qui j'ai
installé une tablette, des feuilles, un stylo, un
chat et une grosse perruque blanche bouclée
sur la tête pour lui faire incarner Colette. C'est
tout ce qu'elle pouvait faire. Et comme elle est
complètement aphasique, elle n'a même pas à
imiter l'accent bourguignon. Et puis c'est tout.

PIERRE : Et toi.

FRANCK-OLIVIER : Oui, moi qui m'ennuie à cent
sous de l'heure et qui ne trouve rien de mieux
que d'embêter un ami triste et blessé et qui
veut se coucher comme les justes.

PIERRE : Je ne suis pas triste.

FRANCK-OLIVIER : En tout cas, tu n'es pas heureux.

PIERRE : Ça n'est pas pareil.

FRANCK-OLIVIER : Moi non plus je ne suis pas
heureux. Mais je ne suis pas malheureux. *(Il a
saisi le foulard sur le fauteuil.)* Il est beau, ce foulard.

PIERRE : Oui.

JULIETTE : Si ça ne te fait pas faire un trop grand
détour, bien entendu.

STÉPHANE : En principe non.

JULIETTE : Je suis prête, on peut y aller.

STÉPHANE : Il y a encore une embrouille quelque
part, non ?

JULIETTE : Viens. Tu verras bien.

Elle sort vers le couloir 2. Il hésite un instant puis va la rejoindre.

*La sonnerie a repris. La lumière change peu. Pierre revient d'un pas
vengeur, par le couloir 1. Il ouvre et c'est Franck-Olivier.*

FRANCK-OLIVIER : Excuse-moi, Pierre, c'est encore
moi.

PIERRE : Je t'ai reconnu.

FRANCK-OLIVIER : Ah bon ? Alors ?

PIERRE : Alors quoi ?

FRANCK-OLIVIER : Alors qui je suis ?

PIERRE : J'en sais rien. Je dis que je t'ai reconnu
puisque tu m'as dit que c'était toi.

FRANCK-OLIVIER : Non, je n'ai pas dit que c'était
moi, j'ai dit que c'était un auteur de la première
moitié du XXᵉ siècle et qui…

PIERRE : Je m'en fiche !

FRANCK-OLIVIER : Ah !

PIERRE : Pardon, je ne veux pas te vexer, Franck-
Olivier, mais je suis fatigué, j'ai l'intention de
me coucher et je me fiche complètement de
ton personnage.

FRANCK-OLIVIER : Ah !

PIERRE : Voilà ! Pardon.

FRANCK-OLIVIER : Non mais c'est pas grave ! Je
comprends.

Pierre : Vraiment, je suis désolé.

Franck-Olivier : C'est rien.

Pierre : Oui, donc tu voulais ?

Franck-Olivier : Pardon ?

Pierre : Pourquoi as-tu sonné à nouveau ?

Franck-Olivier : Euh !

Pierre : Tu voulais me dire autre chose ?

Franck-Olivier : Je ne sais plus.

Pierre : Il n'y avait rien d'urgent ?

Franck-Olivier : Je ne sais pas.

Pierre : Ça va ?

Franck-Olivier : Ça va.

Pierre : Non, je vois bien que tu es pâle tout à coup. Assieds-toi !

Franck-Olivier : Une seconde alors ?

Pierre : T'es pas à cinq minutes. Assieds-toi, je te dis. *(Il verse un verre de whisky.)* Tiens ! Bois, ça va te faire du bien.

Franck-Olivier : C'est quoi ?

Pierre : Bois.

Il avale d'un trait. Il ne dit rien ni ne grimace.

Franck-Olivier : C'est bon. C'est quoi ?

Pierre : Du Glen Bannock.

Franck-Olivier : Glen Bannock ! Ça ressemble à un nom de poète irlandais, ça. Et c'est quoi ?

Pierre : Du whisky.

Franck-Olivier : Du whisky ?

Pierre : Oui, du whisky irlandais.

Franck-Olivier : Irlandais ? Tu vois, je le sentais. C'est la première fois que j'en bois, du whisky.

Pierre : Vraiment ?

Franck-O

il a fallu

C'est forn.

Pierre : Pas to

Franck-Olivier

ça. Il n'y a pas ui.

vies que de cervea.

des milliers de vies.

Pierre, combien de vie

par le seul truchement o

à ça, j'avais déjà bu du wh.

Bukowski ! Dans un rêve abso.

Mais je n'avais pas ressenti

d'éprouver là. C'est une nouv

quoi ! Eh oui ! Il y a la vie dedans,

esprit, et la vie dehors, dans la vie. Le

l'esprit et le whisky de la vie, en quelqu

Non, mais quel imbécile !

Pierre : T'es dans ta bulle, c'est tout.

Franck-Olivier : Cinquante ans que je vis ic

Pierre. Dans le même appartement. Que je fais

les mêmes choses, que je me répète ! Pierre,

je me répète, pas vrai ?

Pierre : Eh bien…

Franck-Olivier : Eh bien oui ! Tu viens de me le

prouver en me disant à quel point tu te fichais

de ma soirée.

Pierre : J'ai pas dit ça !

Franck-Olivier : Ça revient au même… Mon

personnage ne t'intéresse pas et tu as raison. Ça

fait trente ans que j'organise ces fêtes de solstice.

Je ne suis bo

où plus pe

Pierre : C' e

Franck-O

ne sera

Pierre : Fra

Franck

Sim

Bér

à sa

pa

q

Annie apparaît, venant du couloir 1.

ANNIE : Oh pardon !

FRANCK-OLIVIER : Je vous en prie. Bonsoir madame.

Il repose le foulard sur l'accoudoir.

ANNIE : Bonsoir monsieur.

PIERRE : Annie. Franck-Olivier, un ami.

FRANCK-OLIVIER : Enchanté, chère madame.

ANNIE : Moi de même.

FRANCK-OLIVIER : J'étais venu importuner Pierre.

ANNIE : Ah ?

FRANCK-OLIVIER : De manière tout à fait intentionnelle, croyez-moi. Je vous prie donc de bien vouloir m'excuser.

ANNIE : Il n'y a pas de quoi.

FRANCK-OLIVIER : Vous êtes la sœur de Françoise ?

ANNIE : Pas du tout.

FRANCK-OLIVIER : Vous lui ressemblez énormément, on ne vous l'a jamais dit ?

ANNIE : Non.

FRANCK-OLIVIER : Lorsque vous vous promeniez ensemble, on ne vous a jamais fait la réflexion ?

ANNIE : Je ne la connaissais pas.

FRANCK-OLIVIER : Vous ne la connaissiez pas ?

PIERRE : Non.

FRANCK-OLIVIER : C'était un être étonnant, d'une grande discrétion et d'une authentique gentillesse, n'est-ce pas Pierre ?

PIERRE : Oui.

FRANCK-OLIVIER : Vous vous seriez certainement très bien entendue avec elle, tu ne crois pas, Pierre ?

Pierre : Je ne sais pas.

Franck-Olivier : Raffinée, subtile, et d'une culture ! Qu'elle n'étalait jamais.

Pierre : Elle, non.

Franck-Olivier : C'est une grande perte pour nous.

Annie : On en a la sensation, en effet.

Franck-Olivier : Vous êtes malheureusement passée à côté d'une très belle rencontre.

Annie : Certainement.

Franck-Olivier : C'est comme ça. Ça fait plus d'un an et demi aujourd'hui, n'est-ce pas Pierre ?

Pierre : Tu vas mieux, maintenant, Franck-Olivier. Tu vas pouvoir y retourner.

Franck-Olivier : Tu as raison. Mais vous êtes invités tous les deux à venir boire un verre.

Pierre : Non, on ne peut pas.

Annie : C'est gentil mais je dois rentrer chez moi, il se fait tard.

Franck-Olivier : Dommage ! Je suis persuadé que vous vous seriez énormément amusée avec nos amis.

Annie : Ça ne sera malheureusement pas possible.

Franck-Olivier : Surtout que c'est le moment ultime ! Celui où chacun doit donner son pronostic.

Pierre : La prochaine fois.

Franck-Olivier : Bon. Et merci encore pour le whisky, Pierre !

Pierre : Il n'y a pas de quoi !

Franck-Olivier : Si Françoise m'avait vu !

J'imagine son éclat de rire. C'est comme si je l'entendais, d'ailleurs. Pas toi, Pierre ?

PIERRE : Bonne soirée, Franck-Olivier.

FRANCK-OLIVIER : Merci. Au revoir ! Ravi de vous avoir connue. Vous êtes ?

ANNIE : Annie.

FRANCK-OLIVIER : Annie ! Et même dans votre voix il y a un petit quelque chose. À bientôt j'espère.

Il sort.

PIERRE : Mon voisin immédiat depuis trente-cinq ans. Un « cas », comme tu as pu le constater.

ANNIE : Trente-cinq ans ? Mais quel âge a-t-il ?

PIERRE : On sait plus l'âge qu'il a, c'est ça le problème. J'ai l'impression qu'il a la même tête depuis trente ans. Il sait rien faire comme les autres, le pauvre. Il sait même pas vieillir.

On entend la musique, tout aussi forte, pendant l'ouverture et la fermeture de sa porte.

ANNIE : En tout cas, il a le sens de la fête.

PIERRE : Tu parles d'une fête. À propos, tu connais un type qui s'appellerait Marcel et qui aurait écrit des bouquins au siècle dernier ? Une petite moustache ?

ANNIE : Proust ?

PIERRE : Voilà ! Que je suis con. Marcel Proust.

ANNIE : Pourquoi cette question ?

PIERRE : Non, comme ça.

ANNIE : Je suis de trop, ici, Pierre.

PIERRE : Pourquoi dis-tu ça ?

ANNIE : Elle est trop présente.

Pierre : C'est parce que cet olibrius n'a pas arrêté d'en parler. Il a le culte du passé.

Annie : Mais elle est encore là, ici, dans ta tête, dans ton regard, et c'est normal.

Pierre : Elle est forcément un peu présente, Annie. Tu ne peux pas me le reprocher !

Annie : Non, mais ce n'est pas encore le moment, Pierre. Tu t'es lancé un défi à toi-même en m'invitant chez toi, mais ce n'était pas raisonné. Un lieu plus neutre aurait été préférable.

Pierre : Où ?

Annie : Un hôtel, par exemple !

Pierre : Tu aurais préféré ?

Annie : Oui.

Pierre : Pourquoi tu me l'as pas demandé ?

Annie : C'est difficile, tu sais.

Pierre : Ça me semblait plus honnête. Un hôtel ! J'aurais eu l'impression d'abuser de toi.

Annie : À nos âges ! Pierre, voyons ! Et comment faisait-on il y a trente ans ?

Pierre : C'était il y a trente ans. Et puis, on n'avait pas d'autre solution.

Annie : C'étaient pourtant des jolis moments, rares.

Pierre : Rares oui. Trois fois !

Annie : Trois fois ?

Pierre : Oui. Nous nous sommes vraiment vus trois fois.

Annie : Ça n'aurait été que la quatrième fois en trente ans. On ne se serait pas ruinés en hôtel.

Pierre : Ce n'était pas une question d'économie.

Annie : Je le sais bien.

PIERRE : La première fois, c'était le 18 février 1973
à Toulon, c'était pendant un stage de vente. Je
m'en souviendrai toute ma vie. La deuxième fois,
c'était le 29 juin, hôtel *Royal* à Bordeaux, pour
le séminaire annuel. Un superbe hôtel. Une
nuit inoubliable.

ANNIE : Et un spectacle !

PIERRE : D'une couillonnerie historique. Et puis
on s'est vus le 11 novembre à Paris, rue Legendre,
c'était…

ANNIE : Entre midi et deux.

PIERRE : Oui.

ANNIE : Vite fait ! Mal fait. Comme des voleurs.
C'est pas notre meilleur souvenir, peut-être
le plus triste.

PIERRE : Oui, mais les trente années qui ont suivi,
je n'ai jamais cessé de penser à toi.

ANNIE : Pas moi.

PIERRE : Pourquoi ?

ANNIE : Parce qu'il ne fallait pas. Chacun sa vie.

PIERRE : Oui, mais aujourd'hui ?

ANNIE : Pierre, on s'est revus par hasard. Il se
trouve que tu es libre et que moi aussi, mais ça
ne veut pas forcément dire que nous avons
quelque chose à faire ensemble.

PIERRE : Si. J'en suis persuadé.

ANNIE : Peut-être, mais ailleurs d'abord. Il aurait
fallu reprendre l'histoire où nous l'avions
laissée.

PIERRE : C'était à l'hôtel des *Deux Mondes*, rue
Legendre.

Annie : Alors là-bas.

Pierre : Il ne fait plus hôtel, ils l'ont transformé en Virgin Megastore.

Annie : Virgin ? Un autre hôtel, alors, et avec un autre nom. Ce n'est pas grave.

Pierre : Bon, ben allons-y !

Annie : Où donc ?

Pierre : À l'hôtel.

Annie : Maintenant ?

Pierre : Oui.

Annie : Non, Pierre. Un autre jour peut-être.

Pierre : Pourquoi ?

Annie : Nous ne sommes plus dans un état favorable.

Pierre : Moi si.

Annie : Alors pas moi. Je vais rentrer. On va se rappeler au téléphone, et nous verrons.

Pierre : On n'a plus beaucoup de temps à perdre, Annie. Regarde-nous.

Annie : Tu te sens vieux ? Moi je ne me sens pas vieille.

Pierre : Moi non plus. Je suis encore très vaillant.

Annie : Vraiment ?

Pierre : Tu vas voir.

Il met de la musique. Un vieux rock. Il danse. Il l'invite. Elle le suit. Fatiguée, Annie finit par renoncer. Elle va s'asseoir.

Annie : Pouce !

Pierre : Tu vois que j'ai de la réserve.

Annie : Bravo !

Pierre : Je suis increvable, je te dis.

Annie : Tu as bien de la chance.

PIERRE : *(se frappant le torse avec vigueur)* Je suis comme ça, moi.

ANNIE : Toutes mes félicitations.

PIERRE : Ça ne va pas ?

ANNIE : Si, si, mais il est tard. Je vais rentrer.

PIERRE : Mais non ! Profitons de ces moments ! Je ne sais pas ce que j'ai mais j'ai une forme !

ANNIE : Je vois ça.

PIERRE : C'est encourageant, non ? Pour l'avenir ?

ANNIE : Pour l'avenir ? Oui.

PIERRE : Tu sais ce que je mérite maintenant ?

ANNIE : Une médaille ?

PIERRE : Non, une bonne douche. Tu m'accordes quelques minutes, que je me refasse une beauté ?

ANNIE : Oui.

PIERRE : Et après, on va où tu veux.

ANNIE : Où je veux ?

PIERRE : Où tu veux, Annie. Je te laisse réfléchir. À tout de suite.

Il sort vers la salle de bains. Couloir 1. Elle se lève après quelques secondes et fait un tour dans le vestibule. Elle prend un bout de papier dans son sac, griffonne quelques mots et le pose sur le meuble. Elle emprunte le couloir 2, puis revient avec son sac et sa veste. Elle s'en va. On entend la porte d'entrée se refermer doucement.

La lumière ne change presque plus et c'est Juliette qui apparaît, venant du couloir 2. Elle s'apprête à partir. Stéphane la suit, énervé.

STÉPHANE : Mais tu m'as appelé Alexandre.

JULIETTE : Oui, là, et alors ?

STÉPHANE : C'est pas un hasard. Je veux savoir pourquoi.

Juliette : À quoi ça t'avancerait ?

Stéphane : Tu te rends compte ce que ça représente pour moi ? C'est mon frère, c'est mon jumeau. Il est mort et toi tu m'appelles comme lui. Pourquoi ?

Juliette : Il n'y a rien à savoir.

Stéphane : C'est trop facile, Juliette. Qu'est-ce que tu es venue chercher exactement ?

Il lui a pris le bras.

Juliette : Rien.

Stéphane : Ça va bien, maintenant. Tu me fais tourner en bourrique depuis deux heures. Alors ?

Juliette : J'ai rien à te raconter.

Stéphane : Si. C'est quoi, ton trafic ?

Juliette : Il n'y a pas de trafic.

Stéphane : Alors c'est quoi ton but ?

Juliette : Je n'en ai pas.

Stéphane : Alors quoi, merde ?

Juliette : Lâche-moi.

Stéphane : Réponds-moi d'abord. C'était qui, Alexandre, pour toi ? Ton amant, c'est ça ? C'est ça, c'était ton amant ?

Juliette : Laisse-moi partir.

Stéphane : Non. Je veux savoir.

Juliette : Et après ? Une fois que tu sauras, ta vie sera plus belle, tu crois ?

Stéphane : Je veux savoir ce qu'il y a eu entre Alexandre et toi, j'en ai besoin.

Juliette : À ton avis ?

Stéphane : C'était ton amant ? *(Elle ne répond pas.)*

Évidemment. Ça m'étonne pas. Mais moi, qu'est-ce que je fous au milieu ?

JULIETTE : J'en sais rien.

STÉPHANE : Je sers bien à quelque chose, non ?

JULIETTE : Lâche-moi. Lâche-moi, je te dis.

Il lui lâche le bras.

STÉPHANE : D'accord. J'ai compris.

JULIETTE : Non, t'as rien compris du tout.

STÉPHANE : J'ai peut-être pas beaucoup de culture mais je suis pas con, Juliette. Tu voulais te faire des émotions, c'est ça ? Te taper une vraie paire de jumeaux, pour voir comment ça fait ?

JULIETTE : Oui, c'est ça ! Et si vous aviez été des quintuplés, j'aurais préféré. Si tu as un plan, d'ailleurs…

STÉPHANE : Qu'est-ce que j'ai pu être con ! Mais le rentre-dedans, tu me l'as fait quand même, j'ai pas rêvé ? Tu m'as allumé ? Tu m'as carrément dragué ?

JULIETTE : Oui, et c'était du lourd. De la grosse artillerie. Sinon tu n'aurais rien vu.

STÉPHANE : Alors pourquoi ?

JULIETTE : J'ai eu un choc.

STÉPHANE : Quel choc ?

JULIETTE : Celui de te voir. Tu peux comprendre ça ?

STÉPHANE : C'est bien la première fois que je fais autant d'effet.

JULIETTE : Mais c'est Alexandre que je voyais. Je l'avais perdu et six mois plus tard, il réapparaissait devant moi. Tu imagines un peu ? Tu imagines seulement ce que ça provoque ?

STÉPHANE : Mais c'est moi, là !

JULIETTE : Il fallait que j'aille plus loin. Alors quand tu as pris cette route, tout à l'heure.

STÉPHANE : Quelle route ?

JULIETTE : Celle pour venir ici.

STÉPHANE : Parce que c'était ici ?

JULIETTE : Oui. Ici. La première fois avec lui, c'était ici.

STÉPHANE : Et ça a duré combien de temps ?

JULIETTE : Quelques mois, jusqu'à ce que sa femme l'apprenne.

STÉPHANE : Parce qu'en plus… ?

JULIETTE : Oui. Elle l'a appris et elle a surtout compris qu'il y en avait eu des tas d'autres. C'est pour ça qu'elle est partie.

STÉPHANE : C'est pour ça ? Pourquoi il a rien dit ?

JULIETTE : En général on ne s'en vante pas, de ce genre de choses.

STÉPHANE : Je savais pas. Alors l'accident ?

JULIETTE : Parce que tu crois encore qu'il s'agissait d'un accident ?

STÉPHANE : Non ?

JULIETTE : Non. Il faudra bien que tu finisses par l'accepter un jour ou l'autre.

STÉPHANE : Alors j'ai rien vu ! J'ai rien senti venir.

JULIETTE : Ton frère était constamment dans une fuite en avant. Alors il est allé au bout, comme d'habitude. Jusque dans le mur.

STÉPHANE : Et j'étais pas là. Personne n'était là pour l'aider. Il aurait dû venir voir papa cette nuit-là ! Il aurait su quoi lui dire lui, c'est sûr !

JULIETTE : Oui. Mais ça n'aurait peut-être rien changé.

STÉPHANE : Il aurait dû.

Un temps.

JULIETTE : Voilà. Maintenant tu sais tout.

STÉPHANE : Excuse-moi.

JULIETTE : Tu n'y es pour rien.

STÉPHANE : Forcément un peu. Lui, c'est un peu moi. La preuve, tu es là.

JULIETTE : Tu es différent, Stéphane. Tu le sais.

STÉPHANE : Il y a un petit quelque chose, tout de même !

JULIETTE : Un tout petit.

STÉPHANE : En fait, je crois que c'est pas moi que tu as vu ce soir. Je me prenais pour lui.

JULIETTE : Alors je te remercie.

STÉPHANE : Pourquoi ?

JULIETTE : Comme ça je peux considérer que je suis pas complètement folle et que je l'avais bien vu un peu. Un tout petit peu. J'y vais.

STÉPHANE : Oui. Au fait ! Pour la campagne de pub ? C'était du bidon ?

JULIETTE : Pas du bidon, mais…

STÉPHANE : C'est moi que tu as choisi ? Pas mon projet ?

JULIETTE : Voilà.

STÉPHANE : On continue quand même ?

JULIETTE : Bien sûr qu'on continue. Il est bien, ce projet. Et je vais pas te faire le coup de la *Working Oppression* je sais pas quoi.

STÉPHANE : Merci.

Un temps. Ils se regardent. Puis elle vient à lui pour l'embrasser.
Le baiser est tendre, puis elle s'écarte.

Juliette : Au revoir, Stéphane.

Stéphane : À demain. Au bureau, comme on dit.

Elle ouvre la porte d'entrée et se trouve face à Franck-Olivier.

Franck-Olivier : Oh, pardon mademoiselle !

Juliette : Bonsoir monsieur.

Franck-Olivier : Non, pas monsieur. Franck-Olivier. Vous partiez ?

Stéphane : Oui. Qu'est-ce que vous voulez ?

Franck-Olivier : Non, c'est parce que nous arrivons bientôt au terme de notre fête, le moment des révélations. Je voulais juste te prévenir ! Comme c'est le moment le plus palpitant de la soirée.

Stéphane : Ah, O.K. !

Franck-Olivier : Faut pas rater ça !

Stéphane : Non.

Franck-Olivier : Tu le sais bien, toi. En tout cas, ça m'aura permis de rencontrer madame.

Stéphane : Madame quoi ?

Franck-Olivier : Ton épouse.

Stéphane : Ah oui !

Franck-Olivier : On s'est déjà croisés, me semble-t-il, non ?

Stéphane : Non, c'est impossible.

Franck-Olivier : Pourtant je suis terriblement physionomiste et je crois bien que…

Stéphane : Non.

Franck-Olivier : Peu importe ! Mais vous pouvez encore venir boire un petit verre tous les deux, maman serait tellement heureuse de faire votre connaissance.

JULIETTE : Non, je dois y aller. Désolée.

FRANCK-OLIVIER : Non, c'est moi qui le suis.

JULIETTE : Au revoir monsieur.

FRANCK-OLIVIER : À très bientôt j'espère.

JULIETTE : Au revoir mon chéri.

Elle sourit. Stéphane aussi. Elle est sortie.

FRANCK-OLIVIER : Chacun sa voiture, c'est ça ?

STÉPHANE : Oui.

FRANCK-OLIVIER : Les couples modernes.

STÉPHANE : Moderne, c'est ça.

FRANCK-OLIVIER : Elle est charmante. Je ne l'imaginais pas comme ça.

STÉPHANE : Excusez-moi, Franck-Olivier, mais j'ai encore deux, trois trucs à faire, là.

FRANCK-OLIVIER : Je ne vais pas te déranger plus longtemps. Je file. Tu passes faire un petit tour pour les résultats, hein ? Je sens que ça va être un grand moment.

STÉPHANE : Sûrement.

FRANCK-OLIVIER : À tout de suite.

Il sort. Stéphane est seul quelques instants, sort une cigarette de son paquet. Pierre entre à son tour, revenant du couloir 1, sans trop d'illusions. Il voit le papier laissé par Annie et le lit. Il prend une cigarette sans l'allumer et s'assied à son tour sur l'autre fauteuil. La lumière est commune. C'est la même nuit, comme le même moment. Ils semblent ne pas se voir, puis commencent à se parler.

PIERRE : Tu fumes, toi ?

STÉPHANE : Oui, en douce.

PIERRE : C'est la première fois que je te vois le faire.

STÉPHANE : Je me planque. Et toi, tu refumes ?

PIERRE : Peut-être. Je fais un essai.

STÉPHANE : Tu sais que c'est pas bon pour la santé ?

PIERRE : Oui, une vraie saloperie. *(Ils rangent les cigarettes dans le paquet.)* Dis donc, ces fauteuils ?

STÉPHANE : De pire en pire.

PIERRE : Tu l'as dit. Remarque, ils sont dans le Bonaparte. Le bon appart !

Ils rient.

STÉPHANE : Pas mal, elle est nouvelle celle-là.

PIERRE : Ça m'est venu d'un coup.

STÉPHANE : Sinon, t'as la pêche papa ?

PIERRE : Impeccable et toi ?

STÉPHANE : Ça baigne ! *(Un temps.)* Je suis content de te voir.

PIERRE : Moi aussi. *(Il l'observe.)* On n'est pas pareils tous les deux, hein ?

STÉPHANE : Tu veux dire physiquement ?

PIERRE : Physiquement il y a toujours des ressemblances. Tu as mes pieds, un peu de mon nez, les mêmes jambes. Non, je parle de là-dedans.

Il désigne sa tête.

STÉPHANE : Je sais pas. J'ai surtout pris à maman.

PIERRE : Ça doit être ça.

STÉPHANE : Et Alexandre t'a tout piqué.

PIERRE : Non ! Pas tout.

STÉPHANE : Oh si ! L'humour principalement.

PIERRE : C'est vrai.

STÉPHANE : Et peut-être d'autres trucs aussi. Je sais pas.

PIERRE : Probable. Un petit quelque chose.

STÉPHANE : Ouais. Moi j'ai jamais pu, avec toi.

PIERRE : Pu quoi ?

STÉPHANE : L'humour.

PIERRE : Ah oui ! Dès le troisième jour je l'ai senti. Y avait pas cette fibre. Pas le feeling !

STÉPHANE : Bloqué. Depuis tout petit. Peut-être de la jalousie.

PIERRE : Jalousie de quoi ?

STÉPHANE : Par rapport à maman, un truc comme ça.

PIERRE : Tu as lu Freud quand t'étais petit ou quoi ?

STÉPHANE : Même pas.

PIERRE : Oui, enfin, on ne va pas commencer à enculer les mouches maintenant, c'est un peu tard.

STÉPHANE : Enculer les mouches, t'as dit ?

PIERRE : Oui.

STÉPHANE : Ça fait bizarre, venant de toi.

PIERRE : Parce que tu crois que vous êtes les seuls, vous les jeunes, à avoir ce privilège ? Des mouches, j'en ai enculé beaucoup plus que toi et j'espère encore en enculer des essaims entiers.

STÉPHANE : Je croyais que vous étiez plutôt du genre à couper les cheveux en quatre ?

PIERRE : Ça n'empêche pas. Mon père quand il voulait aller loin dans la minutie, il disait qu'il allait au p.p.p.d.c.

STÉPHANE : C'est-à-dire ?

PIERRE : Au plus petit poil du cul.

STÉPHANE : C'est génial !

PIERRE : Vous n'inventez rien ! Vous remplacez… Pas forcément en mieux.

Stéphane : Au p.p.p.d.c., ça me plaît vachement ce truc. Pour la prochaine campagne publicitaire, je vais leur dire d'aller au p.p.p.d.c. Il était comment, ton père ? Enfin, pépé ?

Pierre : C'était un modèle 14-18. Un dur de dur.

Stéphane : Vous avez parlé ensemble ?

Pierre : De quoi ?

Stéphane : Je ne sais pas, de la vie, de tout.

Pierre : D'après toi ?

Stéphane : C'est con, comme question.

Pierre : C'est pas con, c'est juste anachronique. Avant, c'était avant. Non, on n'a jamais beaucoup parlé, avec ton grand-père. Mais je l'ai beaucoup écouté. C'est pas ce que je te demande de faire.

Stéphane : Non, mais je t'écoute pas.

Un temps.

Pierre : On était bien, tous ensemble, hein ? Un jour, je vous avais un dans chaque bras. Votre mère était étendue sur un transat face à moi et dos à la mer, et à cette minute-là, j'aurais voulu que ça ne bouge plus. Je savais que j'étais dans un état de bonheur total. Vous aviez l'âge et le poids idéal pour que ça dure longtemps. Et moi j'avais surtout la musculature adéquate, parce que vous étiez bien gras tous les deux, mes salauds. Ça a duré une quarantaine de secondes. J'ai jamais ressenti quelque chose de pareil après. Faut les retenir, ces secondes-là.

Stéphane : Ouais.

Pierre : Enfin, je dis ça ! Tu retiens ce que tu veux.

Stéphane : Exactement. *(Un temps.)* Papa, je peux te poser une question ?

Pierre : Ce que tu veux.

Stéphane : Hyper délicate ?

Pierre : Avec plaisir.

Stéphane : Tu as trompé maman ? Je t'avais prévenu.

Pierre : Je n'appelle pas ça une question délicate. Pour moi, c'est une question…

Stéphane : Indiscrète ?

Pierre : Non, difficile.

Stéphane : Alors ?

Pierre : D'après toi ?

Stéphane : D'après moi ? Non.

Pierre : Non ?

Stéphane : Non. Et la réponse est ?

Pierre : Non.

Stéphane : J'en étais sûr. *(Un temps.)* Et toi, tu ne me poses pas la question ?

Pierre : Non.

Stéphane : Pourquoi ?

Pierre : Parce que je ne veux pas le savoir.

Stéphane : Dommage.

Pierre : Je l'ai énormément aimée, ta mère, tout le temps.

Stéphane : Sans faiblir ?

Pierre : Tu veux dire du premier jusqu'au dernier jour ?

Stéphane : Oui.

Pierre : Ce sont des conneries, ça ! Je vais te raconter une petite chose qui va t'éclairer. Un jour, j'étais avec un collègue de bureau, et entre midi et deux on se dirigeait vers un resto. Ça devait faire dix-sept ou dix-huit ans que j'étais avec ta mère ! On commençait à être un peu usés, enfin je le croyais. Bref ! On était donc sur le boulevard avec Bobet, il s'appelait Bobet, mon collègue, comme le cycliste, et sur le trottoir d'en face, en sens inverse, je distingue une silhouette, une allure qui capte mon attention. Une femme, qui me paraît pas mal du tout. Je donne un coup de coude à Bobet, qui change de braquet.

STÉPHANE : Qu'est-ce qu'il fait ?

PIERRE : Je plaisante. Je préviens Bobet de la vision agréable qui s'offre à nous de l'autre côté du boulevard, il me lance un coup d'œil entendu, on se rince l'œil, et quand on arrive pratiquement à la hauteur de la créature, toujours sur le trottoir opposé, je me rends compte qu'il s'agissait de ta mère. Je ne l'avais pas reconnue. C'est normal, c'est une vision qu'on n'a jamais de sa propre femme, on l'a soit à ses côtés, soit un peu derrière, soit un peu devant, avec un fil invisible qui nous lie l'un à l'autre. Mais seule comme ça sur un autre trottoir ! Menant sa vie de femme ! ? Jamais. Je n'ai rien dit et on a continué, avec Bobet, à fantasmer sur elle. Ce jour-là, j'ai compris que j'en étais toujours amoureux, puisqu'elle pouvait encore être une autre. Alors c'est reparti. Ce sont des petits événements comme celui-ci qui réactivent les sentiments.

Stéphane : Je verrai.

Pierre : Je n'ai aucun conseil à te donner, tu sais.

Stéphane : Je sais.

Pierre : Mais écoute bien ce proverbe comme si c'était ton grand-père qui te le disait : « Tel arbre, tel fruit. »

Stéphane : Qu'est-ce que je dois comprendre ?

Pierre : Ce que tu veux. Ce que tu peux.

Un temps.

Stéphane : Je te retarde pas, au moins ?

Pierre : Non. Et toi ?

Stéphane : Moi ? Je suis pas pressé, j'ai pas rendez-vous.

Pierre : Moi non plus.

On frappe à la porte.

Franck-Olivier : C'est moi !

Pierre et Stéphane : Oh merde !

Franck-Olivier : Je sais que tu es encore là, je vois la lumière sous la porte.

Stéphane : C'est pour toi ou pour moi ?

Pierre : Dix euros que c'est encore pour ma pomme.

Stéphane : Pas sûr.

Franck-Olivier : Stéphane, tu es là ?

Pierre : Perdu.

Stéphane : Tu me dois dix euros.

Stéphane ouvre la porte.

Franck-Olivier : Alors ? T'es pas venu pour les révélations.

Stéphane : Eh non !

Franck-Olivier : Dommage ! Tu as vraiment raté quelque chose, Stéphane.

STÉPHANE : La prochaine fois.

FRANCK-OLIVIER : C'était grandiose. Personne n'a trouvé mon réalisateur, figure-toi !

STÉPHANE : Ah ?

FRANCK-OLIVIER : Tu n'as pas d'idée, toi ?

STÉPHANE : Je vous l'ai dit, le cinéma et moi…

FRANCK-OLIVIER : Le sens de la vie, le bien, le mal, l'incommunicabilité du couple ?

STÉPHANE : Oui, alors ?

FRANCK-OLIVIER : Ce sont ses thèmes préférés.

STÉPHANE : Le bien, le mal, le sens de la vie ! Les Monty Python ?

FRANCK-OLIVIER : Non, c'est pas un animal. *Le Septième Sceau, Cris et chuchotements…*

STÉPHANE : Je sais pas et je m'en fous, Franck-Olivier.

FRANCK-OLIVIER : Toi aussi ?

STÉPHANE : Pardon.

FRANCK-OLIVIER : Non, c'est normal. Tu te fous de Bergman, de Le Garrec, du solstice. C'est normal. Tu n'aurais pas un verre de Samuel Beckett à m'offrir, s'il te plaît ?

STÉPHANE : De quoi ?

FRANCK-OLIVIER : Tu sais, ce whisky avec un nom de poète irlandais.

PIERRE : Il veut parler du Glen Bannock.

STÉPHANE : Ah d'accord !

FRANCK-OLIVIER : On aimait bien en boire, avec ton père.

PIERRE : Tu parles ! Il en a bu une seule fois.

Stéphane sert un verre et le donne à Franck-Olivier.

Franck-Olivier : Remarque, j'en ai bu qu'une fois. Le jour même où devant ma porte…

Stéphane : Je sais.

Franck-Olivier : Je suis fatigant, hein ?

Stéphane : Pourquoi vous dites ça ?

Franck-Olivier : Parce que je le sais. Ton père était patient avec moi.

Stéphane : C'était un bon gars.

Franck-Olivier : Oui. Très cultivé, en plus.

Stéphane : Ah oui ?

Franck-Olivier : Très.

Pierre : Il exagère, là.

Franck-Olivier : Pour mes fêtes, il devinait tout le temps. La dernière fois, d'ailleurs, il a tout de suite vu que j'incarnais Jules Romains.

Stéphane : Ah oui ?

Franck-Olivier : Tout de suite. Il m'a même dit : « Tu serais Farigoule que ça m'étonnerait pas. »

Stéphane : Pourquoi Farigoule ?

Franck-Olivier : Parce que c'est le vrai nom de Jules Romains. Jules Farigoule.

Stéphane : Il savait ça ?

Franck-Olivier : Mais oui.

Pierre : Mais non.

Franck-Olivier : Seulement comme il était très délicat, il me l'a pas dit pour ne pas me vexer.

Stéphane : Ah d'accord ! Mais alors il vous l'a dit ou il vous l'a pas dit ?

Franck-Olivier : Euh ! Quelle importance, hein ?

Stéphane : Oui, quelle importance.

Franck-Olivier : Je ne sais plus qui a écrit : « Le

temps passe. Et chaque fois qu'il y a du temps qui passe, il y a quelque chose qui s'efface. »

PIERRE : Farigoule.

STÉPHANE : Farigoule.

FRANCK-OLIVIER : Exactement, Stéphane !

PIERRE : J'ai dit ça pour déconner.

FRANCK-OLIVIER : Si, si si. C'est dans *Les Hommes de bonne volonté*. Absolument.

STÉPHANE : Ça, j'étais pas sûr.

FRANCK-OLIVIER : Formidable, Stéphane ! Vraiment. En fait, tu es un homme dans le genre de ton père. Vous savez énormément de choses mais vous ne voulez jamais les mettre en avant.

STÉPHANE : Jamais.

FRANCK-OLIVIER : Formidable. Allez, je vais terminer cette fête et mettre tout ce joli monde dehors. Après je pourrai me coucher. Non, je vais d'abord coucher maman. Non, d'abord l'emmener faire pipi et la coucher. Et puis après je pourrai m'occuper un peu de moi. Lire.

STÉPHANE : Vous pouvez rester. Ça nous dérange pas.

FRANCK-OLIVIER : Évidemment puisque c'est déjà fait. Bonne nuit, Stéphane, merci pour le whisky. Et surtout ne m'en veux de rien. Je ne suis jamais là au bon moment, je le sais.

Il sort. Stéphane referme la porte derrière Franck-Olivier.

PIERRE : Lui et ses soirées conneries, là !

STÉPHANE : Alexandre, quand on était petits, il appelait ça les « soirées de la saucisse » au lieu des soirées du solstice.

PIERRE : Ah oui, la saucisse ! Allez ! Je vais peut-être y aller, maintenant, chez la saucisse. Je lui ai promis de passer. Ça lui fera plaisir. Tu restes ici ?

STÉPHANE : Encore un peu. Faut que je médite.

PIERRE : Pas trop ! C'est pas bon pour nous, ces trucs-là, tu sais. Bonne nuit, garçon.

STÉPHANE : Pardon ?

PIERRE : J'ai dit bonne nuit, garçon.

STÉPHANE : C'est la première fois que tu m'appelles garçon.

PIERRE : Ah bon ?

STÉPHANE : C'est Alexandre que tu appelais garçon.

PIERRE : Mais tu es aussi mon garçon ?

STÉPHANE : Oui.

PIERRE : Alors bonne nuit.

STÉPHANE : Bonne nuit papa. *(Stéphane voit soudain le foulard qui était sur l'accoudoir du fauteuil. Il s'en saisit.)* Au fait, c'est à qui, ça ?

PIERRE : Ça ? Je te raconterai un jour.

Pierre sourit à Stéphane et sort. La porte reste ouverte sur le palier. Stéphane reste fixe quelques secondes. On entend une musique sortant de l'appartement de Franck-Olivier.

VOIX DE FRANCK-OLIVIER : Oh, Pierre ! Je suis bien content.

Le noir se fait.

FIN

Les Quatre-Vents